PIERRE-EUGÈNE DE LESPINASSE

Bibliothécaire-Archiviste de la Société d'Histoire et de Géographie d'Haïti

Gens d'Autrefois...
Vieux Souvenirs...

TOME I

ÉDITIONS DE LA REVUE MONDIALE
45, RUE JACOB, PARIS (VIE)
1926

GENS D'AUTREFOIS...

VIEUX SOUVENIRS...

Collection Haïtienne d'Expression Française

Sous la direction de M. Louis MORPEAU

Déjà parus :

Ascensions, poèmes, F. Burr-Reynaud.......... 5 fr.

Le Baiser de l'Aïeul (théâtre), D. Hippolyte.. 5 fr.

Poèmes d'Haïti et de France, E. Roumer ... 5 fr.

Gens d'Autrefois... Vieux Souvenirs (histoire),
P.-E. de Lespinasse....................... 10 fr.

Pour paraître :

Nouvelle Floraison (poèmes), T. Paret (Ed. de
la *Revue Mondiale*)..................... 7 fr.

Louis Morpeau, Anthologie d'un Siècle de
Poésie Haïtienne (1817-1925). Préface de M. F.
Strowski, de l'Institut, Professeur à la Sorbonne
(Les Editions Bossard)..................... 15 fr.

PIERRE-EUGÈNE DE LESPINASSE

Bibliothécaire-Archiviste de la Société d'Histoire et de Géographie d'Haïti

Gens d'Autrefois...

Vieux Souvenirs...

TOME I

Collection Haïtienne d'Expression Française

ÉDITIONS DE LA REVUE MONDIALE

45, RUE JACOB, PARIS (VIᴱ)

1926

AVANT-PROPOS

Les articles et études qui constituent ce volume ont déjà eu l'honneur de la publicité. Ils ont paru de 1916 à 1924, dans différents quotidiens et revues de Port-au-Prince qui les avaient favorablement accueillis. Que je dise tout de suite au lecteur que je ne suis pas historien de profession, les hommes de lettres et d'érudition qui vivent exclusivement de leur plume étant inconnus dans mon pays. Je ne fais de l'histoire qu'accessoirement, si je puis m'exprimer de la sorte et aux heures de loisir que me laissent mes occupations professionnelles.

Ceci dit, il me reste à ajouter, pour la bonne compréhension des pages qui vont suivre, qu'elles ont été écrites pendant l'Occupation Américaine qui dure en Haïti depuis dix ans. Il ne fallait pas se heurter aux baïonnettes des « marines » sous forme de loi martiale; de là des allusions discrètes sur le compte du gouvernement haïtien et des « événements en cours ».

La plupart des documents publiés dans les articles et études qui constituent en partie ce volume sont absolument authentiques et inédits. Ils ont été puisés dans des archives privées de grande valeur historique.

Enfin, ils ont été, dans leurs grandes lignes, complétés par l'Histoire d'Haïti et par des souvenirs de famille qui relèvent de la « Petite Histoire ».

J'ajoute, pour finir, que j'aurai été heureux et largement récompensé des déboires inhérents au métier d'historien, même quand c'est un amateur qui écrit, si ce volume peut mieux faire connaitre mon pays et lui profiter en quelque chose.

P. E. L.

CORRESPONDANCE INÉDITE DE BOYER

PUISSANCE ET BONHOMIE

A Monsieur Charles Dupuy.

I

L'histoire est là qui donne à l'homme illustre son rang et sa place dans ses annales.

Les chefs d'Etat détenteurs de la puissance sont entourés, plus notre époque s'éloigne de la leur, d'une auréole, d'un prestige allant en grandissant, qui font regretter parfois aux générations qui viennent le bonheur souvent illusoire du bon vieux temps.

Les directeurs de peuple n'ont pas été seulement ce qu'ils sont restés. Comme nous, ils ont vécu humainement, possédé des familles qui furent peut-être leur seule consolation et des enfants, leur suprême espoir. Ils ont aimé de toute leur âme, souffert de tout leur cœur, et nul ne connaîtra sans doute leurs joies secrètes et leurs malheurs intimes.

Il serait intéressant de les voir dans leur intérieur et de connaitre pour ainsi dire les dessous de l'histoire. Ils perdraient à coup sûr beaucoup de leur majesté et même de leur prestige, puisqu'ils ne seraient plus que semblables à nous-mêmes. Nous verrions avec étonnement les vices, les bassesses et les vertus, qui sont de toute époque, conduisant la pauvre nature humaine, incomplète et fragile.

C'est ce que je voudrais faire pour le Président Boyer qui fut grand malgré 25 ans de « règne ». Le lecteur le suivra depuis 1819, dans son intimité, jusqu'à sa mort : dans sa puissance comme dans son exil. Le caractère de l'homme se montrera sous son vrai jour, et l'on verra que le successeur de Pétion n'était pas l'ogre qui fut parfois dépeint, et qu'il était pour son époque un esprit avancé.

Les lettres qui suivent, presque toutes autographes, sont des papiers de famille. Recueillies par les enfants et les petits-enfants de leurs auteurs, elles éclairent d'une clarté nouvelle les figures de Jean-Pierre Boyer et de Joutte Lachenais.

Les premières, écrites dans la splendeur du Chef d'État, sont pleines d'abandon et de tendresse : c'est le cadre restreint du chez soi et des familiers. Dans les dernières, par contre, le style devient correct et sévère. Les personnages ont changé, se surveillant davantage sur la terre étrangère. Deux ou trois de ces souvenirs intimes ont été publiés, il y a quelques années ; je continue un travail déjà commencé. En livrant au public ces pages ignorées, je ne fais pas, comme on serait tenté de le croire, une œuvre d'érudition, et pour cause ; je ne serai simplement pour le lecteur, et je m'en excuse, qu'un accompagnateur effacé et un cicerone peu loquace.

Le lendemain de la mort de Pétion, Boyer était nommé président à vie par le Sénat, le 30 mars 1818. Deux départements alors formaient la République qui luttait de son mieux contre l'impérialisme de

Christophe. Goman avec ses bandes continuait
de tourmenter les populations dans le Sud : aussi,
dès le printemps de 1819, une expédition s'était
rendue dans la Grand'Anse pour disperser les rebelles.
Il fallut près d'une année pour rétablir la paix dans
ces régions dévastées. C'est dans une tournée d'inspection dans l'arrondissement de Jacmel, de retour
dans le département de l'Ouest et avant son entrée
à Port-au-Prince, que le Président d'Haïti, ayant
hâte d'avoir des nouvelles de sa famille, inaugure
sa correspondance avec sa « bien-aimée Joutte ».

Jacmel, 1er *décembre* 1819

Depuis mon départ, ma bien-aimée commère,
je n'ai pas cessé de penser à vous et à vos enfants.
Hersilie (Hersilie Pétion, fille posthume de Pétion
et qui fut plus tard Mme Coquière) particulièrement, Hersilie que j'idolâtre est sans cesse dans
mon cœur. Que j'aime cette enfant ! Soignez-la,
caressez-la pour moi, je vous en prie.

Je dois partir pour Marigot vendredi matin. Je
voudrais avoir déjà fait cette tournée pour être à
même de retourner près de vous. Je m'ennuie déjà
ici et je sens plus que jamais qu'il n'y a que le devoir
qui peut me retenir éloigné des personnes qui font
le charme de ma vie.

Conservez votre santé, vous savez combien elle
m'intéresse. Embrassez Fine (1) et Célie (2) pour lesquelles vous connaissez toute ma tendresse et dites-
leur de toujours songer à leur éducation, que la

(1) Fine Laraque qui épousait, en 1826, Pierre Faubert et
qui fit tant parler d'elle en son temps.
(2) Célie Pétion, fille d'Alexandre Pétion (1805-1825).

douceur, la vertu, les principes de morale doivent former la base de cette éducation et que ce n'est qu'en observant ces principes que l'on acquiert les droits à l'estime et à la considération des honnêtes gens. Dites leur enfin que mon attachement pour elles m'oblige de leur conseiller sans cesse de suivre la vraie route qui conduit au bonheur.

Quant à vous, qu'ai-je à dire de plus que tout ce que vous savez déjà de ma vive affection? Mes sentiments sont connus, ils sont invariables. Encore une fois faites mille tendres caresses à ma chère petite Hersilie en attendant que je puisse moi-même les lui prodiguer.

Recevez celles que je vous fais du profond de mon âme et croyez à la sincérité de votre meilleur et affectionné ami.

BOYER.

P. S. — Faites en sorte afin que la voiture aille m'attendre dimanche sur l'habitation Brache.

Après que Jean-Pierre Boyer eut calligraphié cette missive pleine de bons conseils, renouvelé ses déclarations d'amoureux transi et donné des ordres, il écrivait le lendemain à sa nièce Antoinette Moulut, qui devint plus tard la femme de Thomas Madiou (1) quelques mots affectueux pour s'informer de l'état de sa santé. Celle-ci était la fille de Bone Boyer, sœur aînée du Président.

Jacmel, 2 décembre 1819.

Je fais des vœux, ma chère Antoinette, pour le parfait rétablissement de ta santé. Depuis mon

(1) Père de l'historien.

départ du Port-au-Prince je suis toujours inquiet de savoir que je t'ai laissée avec la fièvre. Je t'engage de te décider encore une fois à prendre du quina, afin d'en être guérie et de t'empêcher de t'affaiblir davantage.

Tu connais, ma chère nièce, tout mon attachement pour toi, aussi n'hésite pas à suivre mes conseils. Je suis persuadé d'avance que tu les suivras et j'espère que tu t'en trouveras bien.

Je ne tarderai pas à retourner près de la famille, mais en attendant, j'aurais été enchanté de recevoir tes nouvelles.

Embrasse ta mère et toute la famille pour moi. Fais mes caresses à Azéma (1) et reçois celles que je te fais du plus profond de mon cœur.

Ton affectionné oncle.
BOYER.

Dix mois à peine s'étaient écoulés depuis la pacification du Sud et le voyage présidentiel que de graves événements se déroulaient dans le pays. l'omnipotent Christophe assistait, le 15 août 1820, à la messe dans l'église de Limonade quand il fut frappé sur son trône d'une attaque de paralysie.

C'était un coup de tonnerre dans un ciel serein ; le roi anéanti était ramené dans son Palais de Sans-Souci.

Les populations lasses du joug du monarque s'agitaient fébrilement. Saint-Marc, le 2 octobre, se réclamait de la République et le 6 du même mois, le général Richard, gouverneur militaire du Cap, se mettait à la tête de l'insurrection dans la capitale du

---

(1) Azéma Boyer, épouse Charles Bazelais. Elle était la fille unique du Président Boyer.

roi Henri ; Boyer sans coup férir faisait occuper Saint-Marc et rentrait dans la ville le 16 octobre 1820 (1). Sitôt installé dans sa nouvelle conquête, il communiquait ses impressions à Joutte.

Saint-Marc, 18 octobre 1820, à 11 du soir.

Je ne puis t'exprimer, ma chère Joutte, les (2) .... j'étais hier, il est vrai, amplement dédommagé par les témoignages d'affection que le peuple me prodigua, mais je sens que mes forces m'abandonneraient déjà si l'amour de ma patrie n'enflammait de plus en plus mon zèle. Te peindre ce qui se passe ici est une chose impossible. Représente-toi une population.......... par la plus horrible tyrannie rendue tout à coup à la joie et au bonheur, tu auras encore une faible idée des scènes attendrissantes dont je suis témoin. Mon impatience est à son comble ; déjà je voudrais être au Cap. J'ai passé mes .... et que je suis moi-même dans l'espoir d'être en route, demain matin.

J'ai reçu ce matin quatre députés du Cap (3) que je viens d'expédier avec quatre de mes aides de camp (4). L'intention des chefs de cette partie de

(1) Voir Beaubrun Ardouin. *Histoire d'Haïti*, tome VIII ; page 469.

(2) Le pointillé indique les parties du texte rongé par le temps.

(3) Les émissaires du Cap étaient les colonels J.-J. Adonis, Edmond Michaud et le citoyen Constant Saul. Le nom du quatrième est inconnu. B. Ardouin. *Histoire d'Haïti*, t. VIII, page 471.

(4) La délégation présidentielle comprenait les colonels Ulysse, Saladin, Souffrant et Backer.

B. Ardouin. *Histoire d'Haïti*, tome VIII, page 475.

(de l'île) est d'être alliés avec nous, mais d'avoir
un gouvernement séparé. Comprends-tu.........
....
que je vais déjouer ferait à .... du mal
s'il était réalisé. Je ne perds donc pas de temps, je
brave tout et marche en avant. Sois tranquille, il
n'y aura rien de fâcheux.

J'ai éprouvé le plus doux bonheur en recevant ce
matin des lettres d'Hersilie, d'Azéma et enfin de
tous mes chers enfants. Dis-leur que je n'ai pas le
temps de leur écrire, mais que je les porte dans mon
cœur. Embrasse-les pour moi et toute la famille,
Hersilie, ma fille bien-aimée est sans cesse......
Adieu, ma Joutte aimée, je t'aime...........
et t'embrasse de même.

Tout à toi.

Boyer.

P. S. — Dis à Antoinette, Azéma, Fine et Célie, de
m'écrire souvent, c'est le plus grand plaisir qu'elles
pourront me faire.

B.

Christophe se sentant perdu et voulant tenter une
suprême réaction contre son mal s'était fait tremper
dans un bain d'alcool et de piment. La médication
avait semblé réussir ; le roi avait même recouvré
l'exercice de ses membres quand debout sur le
péristyle de Sans-Souci, au moment où il passait
la revue de sa garde qu'il envoyait combattre l'insurrection du Cap, il s'affaissait à nouveau. La guerre
civile grondait autour de son trône ; alors seulement
il comprit son impuissance définitive. Ramené dans
ses appartements et trop orgueilleux pour recevoir
les outrages de ses sujets, il se traversait le cœur d'une

balle de pistolet. Le roi avait cessé de vivre le 8 octobre 1820.

Les partis politiques s'agitaient dans le Nord sans trop savoir au juste ce qu'ils voulaient. Boyer qui comprenait la gravité de la situation se portait en flèche sur le Cap-Henri et s'emparait de cette ville peu de temps après l'expédition de Saint-Marc. La famille est informée de ces circonstances heureuses sur l'heure même :

Cap, 26 octobre 1820, à 10 heures du matin.

Depuis environ deux heures, je suis en possession de cette ville, et mon premier moment de loisir est consacré à m'entretenir avec toi. Mon âme est émue à un tel point que les expressions me manquent pour te donner une idée de ce qui s'est passé à mon entrée ici. Les larmes veulent couler de mes yeux en t'écrivant ces lignes. J'ai trop de sensibilité pour tout ce que je vois dans cette mémorable époque. La Providence, en me réservant pour diriger des événements si extraordinaires et si heureux, semble n'avoir pas proportionné mes forces au courage dont elle m'a doué ; car je brûle d'ardeur pour servir la patrie, tandis qu'elles semblent s'affaiblir. Toute ma gloire est d'avoir surmonté des difficultés infinies pour la pacification du Nord, sans avoir à déplorer qu'une goutte de sang ait été versé. Ah ! ma chère Joutte, je croirais avoir déjà assez vécu, si je n'avais ma famille que j'aime et qui a besoin de mes soins.

Azéma, Fine, Antoinette, Célie, Coquièrine (1), trouveront ici l'expresssion de l'attachement que j'ai pour elles. J'ai reçu leurs lettres, dis-leur de

(1) Coquièrine Boyer, autre sœur du Président Boyer.

continuer de m'écrire, elles me feront le plus grand plaisir. Je leur écrirai la prochaine fois dès que j'aurai un moment à moi, embrasse-les du plus profond de mon cœur sans oublier tout le reste de la famille.

Quant à ma bien chère Hersilie qui est toujours présente à mon esprit, couvre-la de baisers pour moi, parle-lui de son cher papa et prends-en en le plus grand soin.

Sois heureuse, ma chère et bien-aimée compagne, je t'aime et t'embrasse de toute mon âme.

BOYER.

P. S. — Cette lettre étant restée ici jusqu'à ce jour, je t'envoie ma proclamation d'hier qui vient d'être publiée.   B.

Lettre émouvante dans sa simplicité et dans sa tendresse ; les faits qu'elles relatent valent plus qu'une page d'histoire. L'âme de Boyer se montre telle qu'elle était : belle et loyale. La proclamation dont parle le Président ne s'est pas retrouvée dans ces vieux papiers de famille. L'original a disparu de ces souvenirs. On la rencontre dans Beaubrun Ardouin. Elle est pleine de simplicité et porte l'empreinte d'une bonté paternelle (1). Trois jours après la prise du Cap, partait un courrier en hâte pour Port-au-Prince portant la correspondance officielle. Les instructions de Jean-Pierre à Joutte cette fois sont exclusivement d'ordre intime.

Cap, 29 octobre 1820.

J'expédie près de toi, ma chère Joutte, pour avoir de nouveau des nouvelles directes de la famille. Ma santé est assez bonne ; les affaires se sont assez améliorées ; mais néanmoins mon cœur éprouve le plus grand vide ; tu conçois que cela est naturel lorsqu'on est éloigné de tout ce que l'on affectionne.

Dugué qui est chargé de la présente te livrera deux malles de linge et d'effets que je t'envoie. Il te fera remise aussi de quelques objets dont la note est ci-jointe, parmi lesquels se trouve un planétaire. La petite clef incluse est celle du petit meuble qui le renferme. Je t'engage de ne pas essayer d'en retirer les pièces jusqu'à mon arrivée, car ne pouvant les ajuster tu gâteras ce précieux instrument dont nos demoiselles ont besoin.

J'ai éprouvé le plus grand attendrissement en lisant les lettres d'Azéma. Celles de Fine, Antoinette, Célie et Coquièrine m'ont aussi fait éprouver la plus grande émotion. Je te prie de les embrasser tendrement pour moi. Fais toujours mille caresses à ma chère Hersilie et surtout fais-la bien garder.

Tous mes compliments à mes sœurs ; embrasse tendrement leurs enfants et enfin dis mille choses affectueuses à ta mère et au reste de la famille.

Je suis fatigué à l'excès de mes occupations ; il me tarde d'être de retour à Volant (1) pour me reposer ; j'en ai bien besoin, je t'assure.

Sois heureuse, ma chère et bonne compagne, compte sur mon affection et prends soin de toi.

Je t'embrasse de toute mon âme.

BOYER.

(1) Volant-le-Thort, propriété privée de Pétion sur la route de Bizoton. C'est pendant le bal donné pour l'inauguraion de sa résidence que Pétion apprit l'assassinat de Delva dans la prison de Port-au-Prince. Beaubrun Ardouin accuse Boyer d'avoir été l'instigateur de ce forfait.

Voir également les souvenirs historiques de Jean-Joseph Bonnet.

P. S. — N'oublie pas de dire à la bonne Amie que je pense à elle et que j'espère lui donner des étrennes.

Dis à ma filleule Mézerine que j'ai reçu sa lettre avec plaisir : fais-lui des compliments ainsi qu'à sa sœur Antoinette qui m'a adressé une lettre de reconnaissance pleine de sentiments.

B.

Le même jour, ayant des choses importantes à apprendre à sa « Commère », le Président d'Haïti reprend fébrilement la plume pour expliquer sa conduite envers les Christophe...

Celle-ci fut remplie de tact et de délicates attentions.

Cap, 29 octobre 1820, 8 heures du soir.

Le Capitaine Duraiget (1) est chargé, ma bien-aimée Joutte, de te dire quelque chose concernant la famille Christophe, et tu sentiras, j'en suis sûr, que dans ma position j'ai dû agir comme je fais, pour donner l'exemple de la bonté et de la générosité, qui malheureusement semblent chaque jour s'affaiblir dans tous les cœurs.

Je suis dans la plus grande impatience d'arriver près de toi, comme je l'ai déjà marqué. Que l'existence est pénible lorsqu'on est éloigné de ce que l'on aime ! J'espère me mettre en route le 1er décembre, mais que le chemin que je dois parcourir me paraîtra long ! Enfin il faut se soumettre à la nécessité.

J'écris à la hâte et finis par te recommander la très aimée Hersilie, couvre-la de caresses pour moi jusqu'à ce que je puisse les lui prodiguer. Cette

____

(1) Mot rongé dans la lettre. Nom douteux et incertain.

enfant est ma folie ! j'embrasse mes sœurs, leurs enfants et toute la famille.

Compte sur mon invariable attachement. Je t'embrasse un million de fois de tout mon cœur.

BOYER.

Le lendemain 30, son cœur tout rempli de l'absente, il confie à celle-ci ses impressions sur ce qu'il a vu et l'importance du rôle qu'il joue et que la Providence lui réservait.

Cap, 30 octobre 1820.

C'est avec un nouveau plaisir, ma très chère Joutte, que je m'entretiens avec toi. Je suis toujours extrêmement occupé, et tu conçois que cela ne peut pas être autrement dans des circonstances si extraordinaires.

Je t'avoue que depuis que je suis appelé à la tête des affaires je n'ai jamais encore été dans une position si importante et à la fois si délicate. Figure-toi un pays si longtemps livré à la tyrannie et aux forfaits, un peuple qui avait perdu pour ainsi dire son existence morale qu'il faut régénérer et encore tu n'auras qu'une très petite idée du tableau que j'ai sous les yeux et des efforts que je vais faire pour achever mon ouvrage. Grâce à la Providence, je parais avoir comme pacificateur conquis les cœurs, et j'espère que la fermeté, la prudence et la justice qui m'animent feront le reste.

Je compte aller demain visiter l'endroit infernal appelé « Laferrière »; je passerai aussi à « Sans-Souci ». Incessamment après je me mettrai en route pour parcourir toutes les communes du Nord. Juge des tracas que je vais avoir encore !

Songe toujours à ma bien chère Hersilie que je couvre de baisers. Sois heureuse, ma tendre amie, je t'embrasse de toute mon âme.

BOYER.

Le successeur de Pétion ne s'était pas arrêté seulement à une correspondance politico-sentimentale avec Joutte ; il écrivait souvent à ses nombreuses pupilles. Voici deux billets de lui du Cap à sa nièce de prédilection Antoinette.

Cap Haïtien, 29 octobre 1820.

Je n'ai pas le temps, ma bien-aimée nièce, de te renouveler l'assurance de mon attachement ; je te recommande de m'écrire souvent, car tes lettres qui dépeignent si bien ta belle âme me font le plus grand plaisir. Sois toujours bonne.

Reçois mes embrassements et compte sur la tendresse de ton affectueux oncle.

BOYER.

La Poste de Port-au-Prince entre temps, était rentrée avec des lettres des siens ; il remercie sa nièce d'avoir pensé à lui et s'avoue ému du contenu de sa missive.

Cap, 30 octobre 1820.

J'éprouve en ce moment le plus vif plaisir, ma bien-aimée Antoinette, en te renouvelant les sentiments de tendresse et d'attachement que je t'ai voués. L'expression vraiment sentimentale de tes lettres m'a pénétré de sensibilité. Je connais ton cœur, chère nièce, et j'apprécie tes honorables dispositions. Assure ta mère et ta tante Mariette de tout mon attachement, je voudrais avoir le temps de leur écrire également mais je ne puis le faire. Embrasse tendrement leurs enfants pour moi.

Tu ne te figureras pas combien il m'est pénible d'être éloigné de la famille ; elle est toujours présente à mon souvenir. Fais de bien vives tendresses à Hersilie et reçois les tendres embrassements de celui qui te chérit.

Ton affectueux et attaché oncle,

BOYER.

Le Président d'Haïti rentrait déjà à Port-au-Prince quand il reçut en route ces quelques mots de Célie Pétion. Ils sont pleins d'une naïveté sincère et d'une gaucherie délicieuse. La malheureuse enfant n'avait que 15 ans et portait timidement un nom beaucoup trop lourd pour ses épaules. Son style et son orthographe, sans doute, laissent beaucoup à désirer ; pauvre fillette, elle faisait ce qu'elle pouvait ! Était-on tenu à cette époque de parler le français ou de l'écrire? Bien certainement non ; et ceux qui se souviennent encore de la vieille langue française font preuve de bonne volonté et cela suffit (1).

Port-au-Prince, le 2 décembre 1820.

Combien il m'est doux de vous témoigner toute la joie que j'ai ressentie en recevant de vos chères nouvelles dont je n'ai été si longtemps privée. Croyez que rien ne m'est plus doux que d'en recevoir. Mon cœur fou de satisfaction en vous écrivant a peu de mots parce qu'il goûte le plaisir de vous entretenir. Il me serait impossible de vous exprimer le désir de vous

(1) Je me permets de redresser l'orthographe tout en respectant le style.

voir car il est tel que je ne puis en avoir de mes souhaits et de vous embrasser bientôt (*sic*).

Célie PÉTION.

Le voyage s'était terminé sans incident pour le retour. Le Chef d'État triomphant avait regagné son palais, sa tâche de patriote accomplie.

Pour la première fois il venait de sauver la République. Deux faits saillants se dégagent de la première partie de ces lettres, je ne sais si le lecteur s'en est rendu compte. Le premier est l'amour paternel du Président pour sa fille adoptive Hersilie Pétion, et le soin jaloux qu'il prend des siens dont le souvenir ne le quitte jamais. La malheureuse orpheline n'avait point connu son père et cela explique amplement la tendresse excessive de Boyer pour cette enfant. Il n'est pas nécessaire de chercher ici matière à médisance, quoique en pensent certains malveillants de l'époque; les actes parlent d'eux-mêmes (1).

Le second par contre et le plus intéressant sans doute, est un trait de mœurs à relever. On s'étonnera peut-être du ton toujours affectueux et tendre de ses missives pleines de recommandations sur l'éducation toute morale à donner aux enfants de la famille à une femme qui ne fut, en somme, que la maîtresse de Jean-Pierre Boyer.

Cette conduite ferait sourire, j'en conviens, si elle se pratiquait de nos jours, tandis qu'elle s'explique parfaitement si nous nous plaçons au point de vue de nos grands-parents.

Le doux « plaçage » du bon vieux temps n'avait

(1) Voir Bonnet. Mort de Pétion.

pas ce caractère immoral et scabreux qu'on semble vouloir lui attribuer désormais. Les ancêtres, en commettant cet acte condamné par la morale, qui n'est qu'une convention, contractaient dans leur pensée une union parfaite aussi respectable que le mariage ; ils ne faisaient en fait que conserver une vieille tradition coloniale. Leurs foyers étaient donc constitués définitivement et les intérieurs de nos pères, créés d'une façon irrégulière au point de vue du droit, ne leur paraissaient pas moins légitimes.

Presque toutes nos familles proviennent de ces unions libres. Et quel est donc l'haïtien qui n'a pas, dans sa lignée, une arrière-grand'mère qui ne fut l'épouse de l'aïeul que par voie de nature? Cependant, nous venons d'en avoir la preuve, la société d'autrefois eut bien plus de vertus que celle d'aujourd'hui.

II

Il n'y avait pas quatre mois que le « Royaume d'Haïti » était incorporé dans la République que les grands dignitaires de la Couronne se désespéraient de la perte définitive du pouvoir. Cette dépossession leur paraissait d'autant plus illégitime que l'égalité de tous les citoyens, décrétée dans le Nord, supprimait la caste aristocratique et la noblesse héréditaire.

Coup vraiment cruel, on avouera, pour ces hobereaux ; et c'est pour reprendre ce qu'ils n'avaient plus, qu'une immense conspiration se tramait au Cap, ayant pour chef reconnu le général Prince Romain (1).

L'agitation se manifestait surtout dans l'Artibonite, si bien qu'une tentative de prise d'armes se faisait à Saint-Marc pendant l'absence de Bonnet qui commandait cet arrondissement et qui se trouvait à Port-au-Prince pour affaires. Cette échauffourée se produisait dans la mi-février 1821. Le gouvernement triompha facilement des rebelles ; une cour martiale fut instituée et les plus coupables condamnés à mort et fusillés (2).

Boyer, qui suivait ces événements de loin, retenu à Port-au-Prince par l'arrivée de M. de Glory, évêque *in partibus* de Macri, en Asie Mineure, se

(1) B. Ardouin. *Histoire d'Haïti*. tome IX, pages 16 et suiv.

(2) Beaubrun Ardouin, *Hist. d'Haïti*, tome IX, pages 29 et suiv.

rendit à Saint-Marc accompagné de l'abbé Jérémie (1), et recommençait dans le royaume de Christophe un nouveau voyage en semant sur sa route des paroles de pardon et de paix.

Joutte n'est pas oubliée au milieu de ces graves événements ; au contraire, l'esprit du Président se détend quand il pense à elle.

Saint-Marc, le 8 avril 1821.

Depuis mon départ, ma bien chère amie, ma pensée n'a cessé de se tourner vers toi, la famille, et de plus en plus je me suis convaincu que je ne puis être véritablement heureux que quand je suis au milieu de vous. Donne-moi des détails fréquents sur ta situation et sur celle des enfants qui constituent un bonheur de ma vie ; tu connais trop mon cœur pour ne pas être persuadé du plaisir que ces nouvelles me procureront. J'embrasse tendrement toute la famille ; fais-moi les plus vives caresses à ma bien-aimée petite Hersilie que tu ne dois pas perdre de vue.

Reçois mes tendres embrassements et ma nouvelle assurance de l'attachement sans borne que je t'ai voué.

Ton meilleur ami,
BOYER.

Je partirai cette nuit pour les Gonaïves.
B.

Le Président d'Haïti venait d'entrer au Cap quand il reçut un courrier privé du Palais National. Sa « chère commère » lui apprenait entre autres choses qu'Hersilie venait de recevoir une magistrale fessée

(1) Curé de Port-au-Prince en 1821.

pour cause de désobéissance! Jean-Pierre vexé écrivait à la jeune gamine qui n'avait que trois ans ce billet vengeur.

> Chère Hersilie,
>
> Maman sera punie pour t'avoir battue : attends mon retour. Écris souvent à ton cher papa et aime le bien.
>
> BOYER.

Pendant que le successeur de Pétion reprenait son délassement habituel en poursuivant une correspondance suivie avec sa famille, les esprits continuaient à s'irriter dans le Nord et une rébellion ouverte se faisait presque sentir parmi les troupes anciennes du roi Henri; Boyer, tant les passions étaient fortes, faillit être victime d'une tentative d'assassinat après l'exil du général Romain à Léogâne (1).

C'est au milieu de ces émotions violentes et de cette atmosphère surchargée de salpêtre qu'il recevait peu de jours après son envoi cette lettre affectueuse de Célie Pétion (2).

> *Port-au-Prince, le 27 avril 1821.*
>
> Je ne pouvais, cher Ami, laisser partir cette occasion sans m'informer de vos chères nouvelles qui me sont si intéressantes (*sic*). Séparée de vous, cher Ami, quel plaisir puis-je avoir que celui de vous écrire. J'ai été bien privée ces jours passés de n'avoir

(1) Voir Beaubrun Ardouin. Tome IX, pages 29 et suiv. L'attentat eut lieu le 26 avril 1821.

(2) Le texte, moins l'orthographe, est toujours intégralement respecté.

pas pu vous écrire pour cause de maladie (!) J'éprouve un plaisir infini de m'entretenir avec vous ; cette douce occupation me fait passer les moments les plus agréables que je n'ai passés encore depuis la privation de votre présence (*sic*). Je voudrais de vous tracer tout le désir que mon cœur ressent de voir arriver l'heureux jour où je dois embrasser celui qui fait le bonheur de ma vie, mais mon indisposition me force de me priver de vous exprimer plus longuement ma tendresse (*sic*).

Je vous salue avec amitié.

Célie PÉTION.

La fille de Pétion souffrait d'une santé débile. Elle avait grandi pareille à une fleur délicate et il avait fallu les soins soutenus et affectueux de chaque jour, que savent prodiguer les parents, pour permettre à cette enfant de vivre vingt printemps. Son existence maladive et courte rappelle, il me semble, la vie lamentable du Roi de Rome et l'on se demande vraiment si ce n'est pas une loi de l'Histoire qui veut que les enfants des grands hommes disparaissent vaincus sous le poids du génie de leurs pères.

La tranquillité était revenue dans le Nord grâce à l'énergie et la bonté de Jean-Pierre Boyer. Débarrassé des soucis politiques, il reprend dans ses écrits sa bonhomie paternelle et les estafettes présidentielles font plus souvent la route entre Port-au-Prince et le Cap.

Ses nièces ne sont pas oubliées et sa « chère Antoinette » moins que les autres.

Cap, 7 mai 1821.

Tes lettres pleines de sensibilité, ma chère Antoinette, m'ont fait le plus grand plaisir. J'espère que, connaissant mon amitié pour toi, tu continueras à être exacte à m'écrire. Ma santé est toujours bonne, mais le travail m'absorbe.

Le soin que j'ai d'envoyer mon portrait pour être gardé successivement par toi, Fine et Célie, est une nouvelle preuve de mon souvenir.

Sois toujours aimable et docile et compte toujours sur l'attachement de ton oncle affectueux.

BOYER.

Embrasse pour moi ton frère et tes sœurs.

B.

Entre temps, Boyer avait voulu se rendre compte de visu de l'état d'esprit des populations frontières.

Cette enquête s'imposait après les événements tragiques qui avaient manqué d'assombrir le Nord. Le voyage fut rapide dans l'arrondissement de Fort-Liberté. Il visitait Ouanaminthe, quand des agents délégués par les habitants de Laxavon et de Monte-Christ vinrent lui proposer d'annexer la partie de l'Est à la République (1). Il demandait aux émissaires d'attendre, ne trouvant pas encore opportune l'idée d'intervention.

Cette inspection achevée, Boyer s'en retournait au Cap. De la capitale du roi Henri, il publiait un ordre du jour (2) où il disait sa joie profonde de voir le retour de la paix bienfaitrice dans les foyers et le travail si nécessaire à l'évolution des peuples commencer à renaître parmi les populations des

---

(1) Beaubrun Ardouin, *Hist. d'Haïti*, tome IX, page 48.
(2) Beaubrun Ardouin, *Hist. d'Haïti*, tome IX, pages 38, 49, 50.

provinces annexées. Il recommandait en outre à ses subordonnés tant dans l'ordre civil que militaire d'aider à la continuation de cet heureux état de choses tout en conseillant aux paysans la culture des terres. Le successeur de Pétion, dont la présence n'était plus nécessaire dans l'ancien royaume de Christophe, s'acheminait vers son palais en traversant le département du Nord-Ouest et l'Artibonite (1).

Le Président et sa suite venaient de rentrer au Môle quand il reçut de mauvaises nouvelles de sa famille. Joutte Lachenais lui annonçait l'inquiétante maladie d'Azéma, sa fille unique. Boyer qui adorait les siens, fut vivement affecté par la réception de ce courrier. Il décide de regagner Port-au-Prince à marches forcées et la lettre qui le précède est pleine d'inquiétudes.

Môle, 29 mai 1821.

C'est avec la plus vive peine, ma chère amie, que j'ai appris la maladie d'Azéma. J'ai fait d'ardents souhaits pour son parfait rétablissement, mais je serai toujours inquiet jusqu'à ce que je reçoive de tes nouvelles. Écris-moi donc et adresse ta lettre aux Gonaïves où j'espère être sous peu de jours.

Je suis ici depuis hier et je vais à l'instant me mettre en route, je serai ce soir à Jean-Rabel, demain au Port-de-Paix, vendredi au Gros Morne et samedi aux Gonaïves. Depuis quelques jours j'ai l'âme on ne peut plus triste, juge de ma position au milieu des fatigues et des peines qui m'accablent?

Je t'embrasse de tout mon cœur ainsi que toute

(1) Le 16 mai 1821.

la famille. Caresse bien Hersilie. Je te le répète, donne-moi de suite des nouvelles d'Azéma.

BOYER.

Aux Gonaïves il apprenait les détails plus rassurants sur le sort de la malade ; Azéma était hors de danger. Une grande détente se produisit dans l'âme du Chef d'État qui rentrait plus tranquille dans sa bonne ville de Saint-Marc.

Pendant cette absence de deux mois, Joute ne manquait pas de rappeler souvent à Boyer dans ses lettres qu'il lui avait juré le grand serment de fidélité.

A son gré, Jean-Pierre ne tenait pas sa parole ; et sur ce chapitre, « Madame Lachenais » ne badinait point. Son puissant mari passait à tort ou à raison pour avoir un petit péché mignon : celui de trop aimer les belles femmes. Rentrer chez soi pour rendre des comptes, c'est dur, aussi le Pacificateur du Nord « calbinde » sa moitié sans trop insister sur l'objet de sa missive.

Saint-Marc, 7 juin 1821.

Ma chère amie,

J'ai reçu ta lettre dont M. Hilaire était le porteur. Je serais fâché si je te croyais capable de ne pas apprécier les motifs qui m'avaient porté à envoyer près de toi. Je suis toujours le même.

En attendant le plaisir de te serrer dans mes bras, je te prie d'agréer mes tendres embrassements et d'en faire participer toute la famille.

Les lettres d'Azéma, Fine, Antoinette et Célie m'ont pénétré de satisfaction.

Caresse pour moi Hersilie.

Ton dévoué et attaché ami. BOYER.

Le Président d'Haïti rentrait à Port-au-Prince le 12 juin 1821. La réussite de sa mission dans le royaume de Christophe avait été complète. L'œuvre de paix dont il fut l'apôtre était accomplie et là encore on retrouve sa profonde modération.

Pour la seconde fois il venait de sauver le pays des tourmentes de la guerre civile.

III

En 1822 devait prendre fin la domination espagnole sur la partie de l'Est du pays. La colonie depuis longtemps cherchait dans des convulsions nombreuses, une orientation nouvelle pour la réalisation de ses propres destinées. La solution ne pouvait guère venir de la Métropole, puisque celle-ci, appauvrie et impuissante, n'était pas capable de réglementer d'une façon sérieuse le sort de ses immenses possessions d'Amérique jadis si florissantes.

Les unes après les autres, elles avaient secoué par la force, d'un mouvement lent et sûr, le joug trop pesant des rois d'Aragon. Les symptômes de la crise finale se faisaient sentir en Dominicanie, où le peuple avait enfin compris que vouloir c'est à peu près réussir. Une ère d'émancipation s'ouvrait pour le nouveau monde. L'écho de notre triomphe se faisait encore entendre ; Bolivar, aidé du grand Pétion, avait créé de toutes pièces en 1819 la République de Colombie (1) et les philantropes du vieux continent émus par tant de bravoure s'inquiétaient jalousement de l'avenir des héros qui avaient donné de si rudes leçons à leurs maîtres.

L'exemple était contagieux.

Pour ne remonter qu'aux guerres de notre Indé-

(1) Le 11 décembre 1819, le Vénézuela et la Nouvelle Grenade furent réunis sous le nom de République de Colombie : le 22 juillet 1820, le Congrès de Cuenta sanctionna leur réunion. La dissolution de cette fédération d'États n'eut lieu qu'en 1831.

pendance, la partie de l'Est avait beaucoup souffert sans en tirer aucun profit. Nous étions libres depuis 19 ans déjà qu'elle possédait encore l'esclavage dans son sein. L'énergique Kindelan, gouverneur pour la mère-patrie, s'était vu relever de ses fonctions et remplacé par le capitaine général Pascal Réal qui ne le valait pas.

La population était lasse de l'Espagne. Une agitation sourde et continuelle, habilement entretenue par les agents secrets de la République, laissait prévoir une insurrection imminente. Boyer, cependant enfermé dans son Palais, suivait non sans inquiétude le dénouement de la crise dont les origines étaient lointaines. Il avait confiance dans son étoile ; mais que réservait au pays l'aboutissement de ces faits qui devait peser d'un si grand poids dans sa propre destinée !

L'année 1822 semblait s'achever, croyait-on, en expectative, quand le 15 novembre un brick américain débarquait dans la rade du Cap un lot de réfugiés venant de Monte-Christ (1). Ceux-ci s'enfuyaient devant une révolution triomphante qui venait, disaient-ils, de proclamer une République Dominicaine. L'étonnement du général Magny (2) fut grand. Il n'était pas encore revenu de sa surprise qu'il apprenait par des transfuges, porteurs de dépêches, que le drapeau haïtien flottait sur Monte-Christ et Laxavon (3). Le Président fut vite informé

(1) Se trouvaient parmi eux l'administrateur des Finances de la ville, le capitaine de la garde nationale, la famille du commandant de la place et environ 80 autres femmes et enfants. Beaubrun Ardouin, tome IX, page 105.

(2) Premier commandant de l'arrondissement du Cap pour Boyer.

(3) Voir Beaudrun Ardouin, tome IX, page 104.

de ces graves nouvelles à Port-au-Prince. Les chefs militaires reçurent l'ordre de se tenir prêts à marcher et Bonnet consulté sur ce qu'il y avait à faire, opinait dans un long mémoire à Boyer pour la création d'un état dualiste ! (1) Pour toute réponse il recevait sa feuille de route et le commandement de l'armée d'invasion du Nord, qui devait marcher sur Santo-Domingo par Saint-Yague et la Vega, tandis que Borgella, avec la plus grosse partie du corps expéditionnaire, avait le même objectif mais en suivant les routes de Saint-Jean et d'Azua (2).

Pendant que le gouvernement de la République préparait avec sagesse cette prise de possession qui ne devait être qu'une promenade militaire, les choses s'étaient aggravées dans l'Est d'une façon inattendue. Depuis quelques mois déjà un parti pour l'Indépendance s'était créé en Dominicanie. Nunes de Cacérès qui était l'âme de cette faction, Kindelan n'étant plus, conspirait outrageusement à Santo Domingo en présence du malheureux Pascual Real impuissant (3).

L'irritation de ces Messieurs fut profonde quand ils apprirent la manifestation des populations frontières. Voulant à tout prix éviter un soulèvement des ateliers, ils tentèrent une contre-révolution et, dans la nuit du 30 novembre au 1er décembre,

(1) Souvenirs Historiques du Général Joseph Bonnet.
(2) Beaubrun Ardouin, tome IX, page 104.
(3) L'avocat Nunès de Cacérès avait fait toute sa carrière dans la Magistrature. Ayant réclamé de la couronne une charge d'oidoz ou Juge à l'audience royale de Cuito, cour de justice indépendante. Il avait subi un refus qui avait profondément blessé son orgueil. Dès lors, il avait juré de se venger de l'Espagne. Voir B. Ardouin, *Histoire d'Haïti*, page 102, tome IX.

l'astucieux avocat s'emparait des postes militaires de la ville et s'empressait d'annoncer au gouverneur, non sans ironie, que sa mission avait pris fin. Real ne se le fit pas dire deux fois. Trop heureux d'en être quitte à si bon marché, il réclamait un passeport et laissait, avec amertume, cette colonie qu'il n'avait pu conserver à la mère-patrie. Les habitants ne se rendirent à l'évidence que le lendemain : le drapeau colombien avait remplacé les couleurs d'Espagne !

Le Gouvernement provisoire, à peine établi, se prit au sérieux. Dans les décrets successifs il proclamait l'indépendance de la partie de l'Est et promulguait une charte constitutionnelle pour le nouveau peuple libre, qui n'avait rien de démocratique. Boyer, avisé de cet événement par une dépêche diplomatique, goûta fort peu la plaisanterie qu'il trouvait de mauvais goût (1). Il répondit à Cacérès par un long message où il lui dépeignait la situation du pays et le priait en outre de donner une solution pacifique à la crise en arborant le drapeau haïtien (2).

Toute résistance étant impossible, Cacérès dut se soumettre le 19 janvier 1822. Il comprenait, un peu tard, cette vérité vieille comme le monde et qui fut formulée par un diplomate autrichien, que l' « on peut tout faire avec des baïonnettes excepté de s'asseoir dessus ».

Les prétentions du Président d'Haïti s'appuyaient

(1) Le Colonel Frémont était porteur de la dépêche en date du 19 décembre. Il revenait d'une mission près de Pascual Réal qu'il n'avait pas trouvé à Saint-Domingue. Voir Beaubrun Ardouin, *Histoire d'Haïti*, Tome IX, page 117.
(2) Le mémoire est du 11 janvier 1822.

sur 14.000 hommes ! Le 16 janvier il quittait Port-
au-Prince pour aller rejoindre ses troupes après avoir
lancé la proclamation suivante dont Beaubrun
Ardouin ne cite que la première et la dernière
phrase (1).

PROCLAMATION

L'heure est enfin arrivée où tout le territoire
d'Haïti doit jouir du bienfait de notre Constitution :
c'est pour l'accomplissement de cet objet important
que nous allons diriger nos pas dans la partie de l'Est
de cette Isle.

Dans ces circonstances impérieuses le bien public
commande spécialement que la plus active surveillance soit portée dans les diverses branches du service ;
qu'un zèle éclairé et l'activité la plus constante distinguent la conduite des fonctionnaires publics, et que
la prospérité nationale exige qu'ils soient à leur poste
et qu'ils ne s'en absentent pas, sous quelque prétexte que ce soit, afin qu'aucun retard n'ait lieu dans
l'exécution des ordres que nous serons dans le cas de
donner pour la gloire et le bonheur de la République.

Les chefs, tant de l'administration des Finances
que de l'ordre judiciaire, feront observer dans l'intérêt
général, toutes les obligations que le patriotisme joint
à une grande responsabilité, leur imposent.

Les commandants d'arrondissement et de place
sont requis de redoubler de soins et de veilles pour
le maintien de l'ordre et de la police dans l'étendue
de leur juridiction. Ils sont eux-mêmes aussi personnellement responsables envers la Patrie de tout ce
qui pourrait arriver de contraire à ce que nous avons
droit d'attendre de leur dévouement.

Nous déclarons au nom de la Nation, que fidèle
à notre devoir, nous ne manquerons pas, le cas arri-

(1) *Histoire d'Haïti*, tome IX, page 125.

vant, de poursuivre et de livrer à la rigueur de la loi ceux qui ne se seront pas conformés aux présentes dispositions.

Donné le 15 janvier 1822.

Ce message en réalité ne s'adresse pas au peuple haïtien, mais bien aux fonctionnaires des grands corps contitués de l'État. Il rappelle en tous points les circulaires ministérielles de jadis.

Les dernières dispositions prises, les armées de la République pénétraient en territoire dominicain les 20 et 28 janvier ! Leur marche à travers l'ancienne colonie espagnole fut un long triomphe : presque partout les haïtiens étaient accueillis avec joie et confiance. Enfin le samedi 9 février le généralissime Borgella, sans brûler une cartouche, campait avec ses soldats à San Carlos, banlieue de Santo-Domingo(1).

Boyer passait immédiatement l'inspection de sa garde et des troupes : « elles étaient dans une tenue admirable » raconte avec enthousiasme Beaubrun Ardouin.

Sitôt après, elles pénétraient dans l'enceinte de la ville par la porte del Coude précédées du commandant en chef et de ses officiers d'ordonnance, puis venait le Président d'Haïti escorté de l'état-major (2). La cavalerie terminait ce cortège imposant. Bonnet n'était attendu que dans l'après-midi.

(1) Borgella avait sous ses ordres les 5e, 7e, 8e, 13e, 15e, 18e, 23e, 26e régiments et Bonnet le 66e, 14e, 27e, 28e régiments, la grosse cavalerie et un détachement des carabiniers de la garde. *Histoire d'Haïti*, page 127, tome IX. Note de B. Ardouin.

(2) Boyer portait l'uniforme de colonel de la Garde. Il était entouré des généraux Pierrot, Toussaint, Prophète Daniel, Riché, Saint-Fleur Beauregard, Voltaire et Inginac secrétaire général. B. Ardouin, *Hist. d'Haïti*, tome IX, page 126.

Le Gouvernement de la République fut acclamé par la population, un *Te Deum* était chanté dans la cathédrale et la prise définitive de Santo-Domingo se terminait légalement au Calbido ou Municipalité par un procès-verbal de remise signé par Cacérès (1). Celui-ci, dépité d'ailleurs, pour se venger de Boyer lui adressait un discours de bienvenue en espagnol, quand il parlait admirablement le français ! Malgré les menées et les embûches d'une minorité infatigable, assoiffée de puissance, la fusion s'était faite grâce à une politique de vigueur et de sang-froid. Le rêve de Dessalines était maintenant un fait accompli. Haïti n'avait désormais pour toute frontière que l'Océan.

Boyer logeait à Santo-Domingo dans le Palais des gouverneurs pour l'Espagne. Encore tout meurtri par la longueur de la route. Il écrivit cependant le lendemain à sa « bien-aimée Joutte ».

Santo-Domingo, 10 février 1822, an XIX.

*Santo-Domingo, 10 février 1822, an XIX*ᵉ.

Ma bien-aimée Joutte,

Je suis entré en cette ville hier à 9 heures du matin. Depuis mon départ de Port-au-Prince j'ai souvent fait des marches forcées pour hâter mon arrivée ici. Mais néanmoins ma santé est toujours bonne et je ne sens aucune fatigue. Je n'ai d'autre peine que celle qui m'est naturelle toutes les fois que je me trouve éloigné de la famille.

Quoique je sois très occupé j'ai remarqué que cette ville est très belle ; elle renferme de superbes édifices. Le peuple avait l'esprit frappé à la vue de l'armée,

(1) B. Ardouin, Histoire d'Haïti, tome IX, page 128.

mais il lui a suffi d'entendre l'expression de mes sentiments pour être entièrement satisfait (1).

Je ne t'entretiendrai pas de tout ce qui a rapport à la solennité de la mémorable journée d'hier ; il te suffira de songer qu'elle sera pour la postérité une des grandes époques de l'histoire de notre pays, pour te faire une idée de ce qu'elle a eu d'important. Je viens aujourd'hui, ce matin, de visiter les divers corps comprenant l'armée ; j'ai, après, été voir l'archevêque en retour d'une visite qu'il m'a faite hier à la tête d'un clergé nombreux.

Au milieu de tous ces soins, ma bonne amie, mon cœur est toujours plein de toi et des enfants que je chéris. Je me rappelle des tendres caresses de ma bien chère Hersilie : couvre la de baisers pour moi et entretiens-la souvent de mon souvenir.

Embrasse tendrement de ma part Azéma, Fine, Antoinette, Célie, mes sœurs et les autres enfants, sans oublier le reste de la famille.

J'espère bientôt envoyer quelqu'un en commission près de toi. J'ai reçu tes lettres dont le commandant

(1) Comme Cacérès lui remettait sur un plateau d'argent les clefs de Santo-Domingo au Calbido, il prononça les paroles suivantes : « Je reçois avec satisfaction les protestations que vous me faites de la soumission et de la fidélité que vous jurez à la République. Quant aux clefs de la ville, qui me sont offertes, je ne les accepte point, parce que je ne suis point venu ici en conquérant, que ce n'est pas la force des armes qui m'y a amené, mais bien la volonté des habitants qui m'ont librement appelé pour les garantir des droits et des avantages dont ils n'ont jamais joui. En conséquence je déclare, comme chef de l'État, que je ferai tous mes efforts pour que ceux qui augmentent aujourd'hui la famille haïtienne ne soient jamais dans le cas d'éprouver aucun regret de la démarche qu'ils viennent de faire (Voir B. Ardouin, *Hist. d'Haïti,* tome IX, page 130).

Chéri Baugé était porteur ; continue de m'en adresser le plus souvent possible. Je fais d'ardents souhaits pour ta conservation et t'embrasse du profond de mon cœur.

Ton ami qui t'aime de même.

BOYER.

Trois jours après, mélancolique, il épanchait son cœur dans celui d'Antoinette Moulut, — Jean-Pierre est rongé par le spleen.

Santo-Domingo, 13 février 1822, an XIXᵉ.

Je suis bien malheureux, ma chère Nièce, d'être obligé de m'éloigner. si souvent des personnes qui font le bonheur de mon existence. Quand cessera pour ton oncle la pénible obligation de passer une partie de sa vie sans jouir des soins affectueux de la famille? Je supporte avec douleur cette dure privation et cherche des dédommagements à tant de regrets en les épanchant dans ton cœur. Je connais ta tendresse, je sais que tu partages les peines que je ressens, aussi cette idée est-elle déjà une consolation pour moi.

Quoique cette lettre te soit personnellement adressée, les expressions qu'elle contient sont également exprimées pour ma chère fille Azéma, ma bien-aimée Fine et ma trop chère Célie dont l'attachement m'est bien connu. Communique-leur donc la présente : elles sauront que je n'ai pas eu le temps d'écrire que ce peu de mots.

Caresse beaucoup Hersilie, embrasse ta mère et toute la famille pour moi.

Reçois les tendres vœux que je forme pour ton bonheur.

Ton oncle,   BOYER.

P.-S. — J'ai écrit à ma commère par Jean-Louis.

B.

Boyer passait un mois plein à Santo-Domingo à réglementer la nouvelle administration de la partie de l'Est qui était devenue pour la République d'Haïti le département de l'Ozama. La garde en fut confiée au vaniteux Borgella qui contractait, prétend Bonnet, au contact de la société dominicaine, les allures aristocratiques qui devaient tant choquer plus tard la population des Cayes! Plus libre, vers la fin de son séjour en cette ville, le Président reprend ses causeries avec la famille.

Santo-Domingo, 2 mars 1822.

Tu dois avoir déjà reçu une lettre que j'ai eu le plaisir de t'écrire, ma chère Antoinette. J'ai éprouvé à la lecture de celles qui me sont parvenues de toi la plus douce émotion. Je te recommande de m'écrire souvent.

Quoique je connaisse ton goût pour l'étude, je ne puis m'empêcher de te recommander de t'y appliquer. Sois toujours un modèle de douceur et de bonté. Je compte que je t'enverrai chercher, si aucune difficulté ne se présente, afin de te voir au Cap.

Embrasse pour moi toute la famille et sois toujours assurée de toute ma tendresse. Ton oncle.

BOYER.

P.-S. — Dis à Anne bien des choses.

B.

Le 5 mars, partait un émissaire pour Port-au-Prince. Boyer reprend le projet de faire voyager les siens.

Santo-Domingo, 5 mars 1822, an XIXe.

Ma chère Joutte,

J'expédie le capitaine Bataille pour te donner exactement connaissance des motifs qui s'opposent encore à ce que je t'envoie chercher. Il te dira de vive voix tout ce que je voulais te faire savoir à cet égard. Avant d'arriver au Cap, j'enverrai près de toi si rien ne s'y oppose.

Je pars cette nuit (1). Je dois parcourir un pays étendu et difficultueux, mais l'idée que je me rapproche de toi en le parcourant me le fera trouver moins pénible à traverser.

L'on m'a fait verbalement le rapport que les bâtiments de guerre français qui étaient dans la rade de Samana se sont retirés : cet avis ne m'est pas encore parvenu d'une façon officielle. Dans tous les cas mes dispositions sont prises (2). Tout paraît ici tranquille, j'espère que les tentatives des ennemis tourneront à leur honte.

Sois heureuse et toute la famille aussi. Je t'embrasse de toute mon âme. Mes amitiés aux enfants et aux parents.

Ton ami pour la vie. Caresse Hersilie.

BOYER.

(1) Boyer quittait Santo-Domingo le 5 mars comme on le voit par la lettre et non le 10 comme le pense Beaubrun Ardouin. Voir *Hist. d'Haïti*, tome X, page 157.

(2) Des colons français, lors de la campagne de l'Indépendance, s'étaient réfugiés à Samana. Ceux-ci apprenant l'arrivée des haïtiens avaient réclamé du secours de l'Amiral Jacob, commandant l'escadre des Antilles. En prenant possession de la presqu'île (de Samana) au nom de la République, le général Toussaint envoyait l'ordre à la flotte de prendre le large. Voir incident de Samana, B. Ardouin, *Hist. d'Haïti*, tome IX, pages 126 et suivantes.

P.-S. — Le montant de la pièce ci-jointe t'aidera à liquider nos affaires. Compte à Anne vingt-quatre gourdes de ma part.

B.

Ayant bivouaqué à Cotuy, le 9 mars avec sa garde, Jean-Pierre explique à Joutte le but de la mission du Colonel Joseph qui était chargé de la sauvegarde de la famille présidentielle pendant son voyage au Cap où elle devait se porter à la rencontre de Boyer.

Cotui (1), 9 mars 1822, an XIXe.

J'envoie près de toi le colonel Joseph qui est chargé de t'accompagner au Cap où j'aurai le plaisir de t'embrasser ainsi que les enfants qui doivent venir avec toi. Il te dira comment tu devras voyager pour que la route te paraisse le moins pénible que possible. Tu dois te mettre en voyage de suite si rien ne s'y oppose, en faisant comme je t'avais dis avant de te quitter. Belair réunira les dragons qu'il trouvera disponibles pour t'escorter ; le colonel Joseph a un ordre de moi pour leur procurer des selles. Ces deux officiers avec Bataille, Antoine, Hilaire (2) et une huitaine de cavaliers pourront suffire. Il faut tâcher d'être rendue dans cette ville au plus tard du 22 au 25 de ce mois, car je ne compte d'y faire un long séjour.

Mes tendres amitiés à toute la famille que j'embrasse ainsi que toi de tout mon cœur.

BOYER.

(1) Le Président d'Haïti était accueilli à Cotuy, la Vega et Saint-Yague avec enthousiasme par la population.
(2) Tous trois domestiques de la Présidence.

P.-S. — Mes opérations ont été couronnées de succès ; à l'apparition de la colonne que j'avais fait filer à Samana La mare, la flotte ennemie qui était dans la baye voyant son attente déçue, s'est retirée (1).

B.

Le Président d'Haïti par petites étapes avait traversé les anciennes frontières de la République et s'était dirigé sur le Cap-Haïtien. Là le général Magny l'attendait avec impatience. Ils se donnèrent une accolade fraternelle à l'entrée de la ville, puis l'accueil de la population fut touchant (2). Il y passait un mois avec les siens au milieu de fêtes nombreuses et des manifestations de joie de tous genres. Boyer avait atteint l'apogée de sa puissance. Il rentrait à Port-au-Prince, le 6 mai 1822.

Si je me suis permis d'insister sur l'historique de faits qui motivèrent ces lettres, ce ne fut pas inconsciemment. Nous connaissons peu les origines de ce pays, et cette page d'épopée écrite par nos pères est pleine de grandeur. Elle valait la peine, il me semble, d'être popularisée. Si les Haïtiens connaissaient l'histoire de leur patrie, il y a beaucoup de honte qu'ils n'eussent pas subie et beaucoup de fautes lourdes qu'ils n'eussent point commises.

(1) Allusion à l'incident de Samana qui faillit tourner au tragique.
• (2) Voir Beaudrun Ardouin, *Hist. d'Haïti*, tome IX, pages 158-160.

IV

Les lettres de Dominicanie sont les dernières qui se rapportent à des événements historiques touchant à l'Épopée. De l'époque tourmentée du Gouvernement de Boyer qui va de 1822 à 43, il ne nous est parvenu, en fait de documents intimes que des billets isolés, écrits à la hâte au cours des tournées présidentielles d'alors. Ils sont tous bâtis sur le même thème, un seul sentiment les domine : l'amour excessif ressenti pour deux êtres, Joutte Lachenais et Hersilie Pétion.

Cependant au milieu de ces vieux souvenirs de famille se retrouve, autographe, le message du successeur de Pétion à la Chambre des Députés, portant à la connaissance de ce corps sa résolution d'abandonner une année de ses appointements s'élevant à la somme de 40.000 gourdes comme modeste quote part à l'écrasante rançon imposée à la patrie en échange de l'impérieuse ordonnance du 17 avril 1825.

Ce fait est peu connu dans nos annales et les historiens n'en parlent presque pas. Lequel parmi nous serait capable d'un pareil désintéressement? Les gouvernements, comme les jours, se suivent et ne se ressemblent pas !

Je transcris intégralement cette page, véritable profession de foi qui représente, non sans dignité un passé à jamais aboli.

LIBERTÉ   *ÉGALITÉ*

RÉPUBLIQUE D'HAYTI

Au Port-au-Prince, le 5 avril 1826, an 23ᵉ de l'Indépendance.

JEAN-PIERRE BOYER,
Président d'Haïti
A la Chambre des Représentants,

En faisant faire dernièrement à la Chambre une communication relative aux mesures à adopter pour la libération des engagements contractés au nom de la République, à l'occasion de la reconnaissance de l'Indépendance d'Hayti, j'annonçai l'intention que j'avais déjà conçue de contribuer personnellement à la liquidation de cette dette. Une telle disposition est si naturelle de ma part, d'après les principes que j'ai constamment professés, que vous vous y êtes attendus sans doute, avant que vous en eûtes officiellement connaissance.

Maintenant, je déclare que pour cet objet je fais don de la valeur d'une année de mes appointements (G. 40.000). J'aurais été heureux d'effectuer de suite ce payement, mais sans que j'aie besoin d'annoncer le motif qui s'y oppose, vous le concevrez certainement. Il se fera donc par cinquième, chaque année, au trésor national, de sorte qu'en 1830 il sera achevé. Cette obligation volontaire est sacrée, je déclare en conséquence que si le terme de ma vie arrivait avant son entier accomplissement, ma succession y satisfera.

Je dois ajouter ici que des sacrifices pécuniaires sont peu de choses pour le citoyen vraiment patriote et que tout bon haytien doit être toujours prêt à périr s'il le faut, en défendant la liberté et l'indépendance de sa patrie.

J'ai la faveur de vous saluer avec ma considération la plus distinguée.

BOYER.

Depuis 1804 la lutte à l'extérieur pour la reconnaissance de nos droits comme peuple libre avait été pénible. Les puissances s'acharnaient à nous méconnaître et nos rapports avec la France avaient atteint en 1826 une âpreté inaccoutumée.

Aux nombreux soucis politiques qui tourmentaient à cette époque Jean-Pierre Boyer, s'ajoutait en outre un grand deuil qui avait attristé son foyer : Célie Pétion s'était éteinte l'année précédente emportée par la typhoïde !

Le souvenir de la disparue remplissait encore la Présidence ; mais la vie avait continué son cours sans amortir en rien les regrets que seul le temps peut effacer.

Il ne restait plus que la jeune Hersilie qui grandissait doucement dans le giron maternel. Voici le doux billet qu'elle adressait à sa mère, sous la direction d'une main invisible, le jour de sa fête.

Chère Maman,

Votre Hersilie peut-elle laisser passer ce jour, sans vous donner une nouvelle assurance de son respectueux attachement? Tous les jours j'adresse au ciel des vœux pour une vie si chère ; mais combien ce jour a de charmes pour moi puisque je puis vous les exprimer. Ah ! combien je vous désire de satisfaction. Que vos jours soient heureux, puissé-je y contribuer, du moins, si j'en juge d'après mon cœur, vous serez aussi heureuse que peut l'être une bonne mère par l'attachement tendre d'une enfant chérie.

Agréez ces vœux, chère maman, ils partent d'un cœur aussi aimant que reconnaissant.

Hersilie BOYER.
Port-au-Prince, 29 *décembre* 1827.

Il est étonnant de voir la fille de Pétion prendre le nom de son protecteur. Recueillie dès sa naissance par le successeur de son père, elle s'appelait sans distinction Pétion ou Boyer ! Plus tard, elle faisait mieux. Mariée au colonel Edmond Coquière qui devait lors de l'exil remplacer Eugène Séguy-Ville-valex comme secrétaire particulier du Président, elle conservait selon l'usage de l'époque, son nom de jeune fille à côté de celui de son mari. Elle aboutissait ainsi à la signature suivante incroyable : Boyer-Coquière, née Pétion !

En 1828 se mariait une des bonnes amies de Joutte, Aglaé Boisrond. Comme cadeau de noces, « Madame Joutte Lachenais » offrait un immense bouquet et voici la façon curieuse dont elle s'y prenait :

Bon pour la somme de cinq cents gourdes que je m'oblige de payer le quinze mai à Mademoiselle Aglaé Boirond pour le bouquet de ces noces (*sic*).

Port-au-Prince, le 3 février 1828,
Joutte LACHENAIS.

Reçu de deux cent cinquante gourdes à compte.
Boiron THÉVENIN.

Reçu de deux cent cinquante gourdes pour acquit de tout compte.
Boirond THÉVENIN.

Heureux temps où l'on manifestait son amitié en souscrivant des bons dont le paiement se faisait par termes !

Les années se succédaient plus ou moins tumul-tueuses pour le Gouvernement de Boyer, tandis que des conspirations nombreuses, provoquées par l'oppo-sition systématique des Chambres, creusait entre l'Exécutif et le pays, un fossé que les désillusions et les haines devaient rendre infranchissable.

Jean-Pierre vieillissait lentement. Le 29 juin 1832

il allait avoir 56 ans ! La famille se préparait à le fêter royalement et de tout cœur. Hersilie, sa « très chère Hersilie » qui était devenue une charmante fillette avait adressé ce jour-là à son bon papa ces quelques mots tout pleins d'amour et de reconnaissance sincère.

Port-au-Prince, le 29 juin 1832.

Cher Papa,

Qu'il est agréable pour moi, mon cher Papa, de vous renouveler à l'occasion de votre fête l'expression de mes sentiments d'amour et de respect.

Je supplie votre patron, saint Pierre, d'intercéder pour vous dans le ciel afin que le Tout-Puissant vous accorde de longues années pleines de bonheur et de prospérité. Croyez, mon cher Papa, que les vœux que je fais pour votre bonheur, partent d'un cœur sincère et reconnaissant.

Votre affectionnée et obéissante fille,
Hersilie BOYER.

Trois ans après, Hersilie épousait le citoyen Coquière, aide de camp, jusqu'en 43, de Son Excellence le Président d'Haïti. Le jeune ménage avait pris gîte en ville, tout en continuant de fréquenter le Palais National. Mais par un des jours pluvieux de septembre la nouvelle mariée ne put se rendre auprès des siens comme elle le désirait vivement. Hersilie profite de ce fâcheux contre-temps pour apprendre à sa mère la mort d'une voisine.

Ma chère Maman,

Je m'étais proposée d'avoir le plaisir de vous embrasser ainsi que mon cher Papa. Mais toute la nuit il a plu et j'en suis désolée : ce qui m'empêche d'être avec vous aujourd'hui.

Je vous annonce avec peine la mort de notre voisine, Mme Duval. Je tâcherai d'aller à son enterrement. Je fais mes amitiés à Papa.

Tout à vous,

BOYER-COQUIÈRE, née PÉTION.

Ces lignes étaient à peine parvenues à Joutte, que Jean-Pierre entamait la correspondance avec sa fille adoptive !

La riposte ne se fit pas attendre.

Je suis bien privé, ma chère Hersilie, de ne t'avoir pas vue ici aujourd'hui avec Pépé (1).

Le mauvais temps qui en a été la cause m'a occasionné de la peine. Néanmoins ta lettre m'a fait plaisir. Ta mère t'embrasse. Reçois les caresses paternelles de ton cher Papa.

Bonsoir à Pépé.   BOYER.

Ce 24 septembre.

Hersilie ne voulant point être en reste envers son cher Papa reprenait la plume avec plus de tendresse.

Je viens de recevoir le charmant billet de mon cher Papa, qui m'a fait beaucoup de plaisir. Il ne doit jamais douter de l'amitié de sa bien-aimée fille qui t'embrasse un million de fois ainsi que sa mère. Pépé vous fait ses amitiés.

Toute à vous,

BOYER, C. née PÉTION.

Ce 27 septembre 1835.

(1) Prénom familier de Coquière que lui avaient donné les intimes.

Et voici comment se réglaient à la Présidence les petits incidents de chaque jour !

Dans la seconde quinzaine de juillet, Hersilie donnait naissance à son premier-né qui n'était autre que Boyer Coquière. Celui-ci devint plus tard le gendre du Président Geffrard, et un des plus brillants officiers de ses Tirailleurs.

Pour fêter cet heureux événement, accueilli comme l'on pense avec joie au Palais, la jeune maman recevait en cadeau de Mme Guy-Joseph Bonnet douze superbes chapons accompagnés de ces mots aimables.

Saint-Marc, le 8 août 1837,

Ma chère Hersilie,

Ayant appris que vous avez donné naissance à un gros et vaillant garçon, je vous en félicite ; et comme je désire concourir en quelque chose aux soins de la mère et de l'enfant, je vous prie d'accepter douze chapons que je vous envoie pour fortifier le lait de ce cher nourrisson, que je vous charge d'embrasser pour moi.

Je vous renouvelle l'assurance de ma parfaite amitié, et vous prie de faire agréer à votre mari mes compliments de félicitation pour son titre de Père.

Ma famille vous présente à l'un et à l'autre ses compliments affectueux.

Votre aimée,

Péan BONNET.

Cette délicate attention provenait d'une grande amie qui avait vu naître et grandir la jeune Madame Coquière.

L'auteur de la lettre qui précède ne devait pas

vivre encore deux années. Elle s'éteignait à Saint-Marc dans les bras de son époux qu'elle adorait, vers la mi-février 1839, après une longue existence commune. Le coup fut cruel pour le vieux général, vétéran des guerres de l'Indépendance. Les uns après les autres ses compagnons d'armes s'étaient éteints et celle-là à son tour avait déserté son poste. Certes, la postérité a reproché à Bonnet les malveillances qu'il écrivit sur ses contemporains, mais les larmes de l'ancien ami de Rigaud doivent être ici respectées.

Il portait le 26 février 1839, la triste nouvelle à la connaissance de « Madame Joutte Lachenais ». La lettre reflète son état d'âme,

Madame,

Mme Bonnet n'est plus, elle a cessé de souffrir.... ce matin à dix heures elle a terminé sa carrière ; vous, Madame, vous avez perdu une amie qui vous aimait sincèrement et moi j'ai perdu mon ..... (1) de cette épouse si digne de mon amour et de mon estime, et qui aura mes regrets éternels... trente-cinq années de co-habitation et pas un reproche à lui faire... Dieu, quelle perte ! quelle cruelle séparation, Henriette (2) est inconsolable.

Je suis, Madame, avec respect et dévouement.

BONNET.

Saint-Marc, ce 26 février 1839.

La mort depuis quelque temps continuait de faucher les personnalités de l'époque ; et un grand nombre

(1) Mot illisible dans le texte.
(2) La défunte laissait trois enfants : Edmond Bonnet qui écrivait les mémoires de son père, Eugène Bonnet et Henriette Bonnet.

des acteurs du drame de 1804 étaient déjà arrivés au terme de leur longue carrière : la conscience tranquille et le devoir accompli. N'était-ce pas là un avertissement qu'elle donnait à Boyer afin de lui rappeler que rien sur cette terre n'est éternel, pas plus les hommes que les gouvernements. A la fin de l'année 1839, le Président d'Haïti apprenait par une lettre de la veuve d'Henri Christophe, la mort récente de la dernière de ses filles, Mme Athénaïse.

L'ex-reine et sa famille, depuis l'écroulement retentissant de son royaume avaient cherché sur une terre plus hospitalière, le calme et l'oubli si nécessaires aux âmes malades ou mortellement atteintes. Mme Marie-Louise, après 18 années d'exil volontaire en Italie, réclamait du Président la pressante autorisation de revoir les siens et un passe-port lui permettant de regagner les rives lointaines de sa patrie. L'émotion de cette femme qui n'eut que des malheurs vers la fin de sa vie est profonde. Elle sut cependant conserver jusqu'à sa mort, ses allures de souveraine.

Général,

Un dernier et affreux malheur vient de mettre le comble aux calamités par lesquelles il plut à la divine Providence de m'éprouver. La dernière de mes filles, Mme Athénaïse, vient de succomber à une cruelle maladie. Dans l'état d'isolement et d'abandon où je me trouve, mes pensées et mes vœux se tournent naturellement vers ma chère patrie, dont l'amour ne s'est jamais éteint dans mon cœur, je ressens le besoin de me retrouver au milieu des personnes à qui je tiens encore par les liens du sang et qui ne me regardent point comme étrangère.

Votre Excellence, j'en ai la confiance, appréciera de pareils sentiments. Elle comprendra qu'une femme comme moi, courbée sous le poids des ans et des malheurs, ne veut que revoir son pays et restera constamment étrangère à la politique.

Je prends d'ailleurs ici l'engagement formel de me tenir complètement en dehors de toute intrigue de ce genre. J'espère en conséquence, que Votre Excellence voudra bien accorder à ma sœur, Mme Louis Pierrot, un passeport pour venir me chercher en Europe, et m'en envoyer un à moi-même pour que je puisse me rendre en Haïti. En lui adressant cette demande, j'ose lui rappeler les bonnes paroles qu'elle a bien voulu m'adresser à mon départ lorsque Votre Excellence a bien voulu m'engager à retourner un jour dans ma patrie.

Les vœux que j'adresse au ciel pour la prospérité de mon pays et pour la conservation de la personne de Votre Excellence deviendront plus ardents quand j'aurai obtenu ce qui forme l'objet de cette demande.

Agréez, Général, l'expression de ma haute et respectueuse considération.

Marie-Louise, Veuve de Henry CHRISTOPHE.

Turin, le 7 novembre 1839.

Hélas, Jean-Pierre Boyer n'eut pas le temps d'expédier à cette infortunée le passe-port qu'elle sollicitait. La mort l'avait surprise à son tour dans son Domaine, non loin de Turin ; le Destin n'avait pas voulu que la Reine d'Haïti mourût sur la terre haïtienne. La femme de Christophe repose à Turin avec ses filles dans la paix profonde d'une chapelle de couvent ! (1)

Nous nous sommes approchés insensiblement de 43 ; le gouvernement de la République était à son déclin. La dernière cabale de la Chambre en 1839, avait achevé de rendre populaires les menées de l'Opposition qui synthétisait aux yeux de la minorité éclairée du pays son propre penchant en un avenir meilleur. L'ironique Milscent, qui fut toute sa vie un enfant terrible, pendant que se dramatisaient les choses, donnait libre cours à son humour facile. Il venait de composer pour la jeunesse turbulente d'alors qui formait la jeune Haïti, sa fameuse chanson contre Boyer, de 1841. Nous pourrions si vous voulez, ma foi, la rechanter ensemble :

> J'entends en maintes occasions
> Prêcher contre l'ambition :
> Mon âme en est ravie (*bis*).
> Mais ceux qui nous parlent si bien,
> Regorgent d'honneurs et de biens ;
>   Cela me contrarie (*bis*).
> Faire droit sans exception
> A toutes les réclamations,
> Mon âme en est ravie (*bis*).
> Mais refuser à l'équité
> Ce qu'obtient le rang, la beauté ;
>   Cela me contrarie (*bis*)
>
> Respectez le Chef de l'État,
> De ses faits, publiez l'éclat
> Mon âme en est ravie (*bis*).

(1) Delorme dans un de ses voyages en Italie s'était arrêté à Turin et visitant le monastère dans lequel est enterrée Madame Marie-Louise, la supérieure lui avait dit : « Monsieur, les haïtiens sont bien indifférents : vous êtes le seul qui ait visité la reine ».

> Mais que de vils adorateurs
> Obtiennent toutes les faveurs :
> Cela me contrarie. (bis) (1)

Tu as raison, pauvre poète, moi aussi cela me contrarie beaucoup ! Le Béranger haïtien eut une fin tragique. Il rêvait installé à la terrasse d'un café du Cap, quand il fut surpris par le terrible tremblement de terre du 17 mai 1842. Ainsi qu'un grand nombre d'innocentes victimes, il disparaissait sous les ruines fumantes du restaurant (2).

Voici maintenant 43, pour le Gouvernement de Boyer, l'insurrection de Praslin, la révolution triomphante et l'abdication suprême. Le Chef qui avait glorieusement blanchi sous le harnais en créant sous les yeux toujours inquiets de l'Etranger, la plus grande Haïti, s'était vu désavouer par son peuple. Le successeur de Pétion ne méritait pas cette ingratitude. Sa chute retentissante du pouvoir devait étonner le monde ; avec lui disparaissaient l'hégémonie si difficilement acquise et notre puissance à jamais perdue. Ceux qui, de bonne foi ou non, ont contribué à la fin du régime boyériste en invoquant le fallacieux prétexte qu'il fallait lancer ce pays dans une orientation nouvelle, avaient réalisé sans s'en douter le début de notre décadence.

L'Histoire leur reprochera de n'avoir point compris que si, dans la vie des hommes ainsi que dans celle des peuples, l'évolution doit se produire, mais que parfois de longues étapes de transition sont nécessaires.

---

(1) Je dois le texte de cette exquise chanson à notre distingué collectionneur Monsieur S. Rouzier.

(2) Il se trouvait à la Rue Espagnole.

Je retrouve, non sans émotion, parce qu'elle caractérise toute une époque, la minute de l'acte d'abdication écrite par Beaubrun Ardouin. Cette pièce de rare intérêt mériterait d'être photographiée (1).

Les péripéties de sa rédaction sont historiques ; l'auteur des « Etudes sur l'Histoire d'Haïti » va vous les raconter lui-même. Ecoutez plutôt : « Vers 7 heures du soir, je retournai au palais pour lui (Boyer) rendre compte de ma mission auprès de M. Ussher (2). Nous étions convenus qu'un canot et une chaloupe de la Scylla se rendraient au coucher du soleil le 13, derrière l'arsenal, avec le commandant Sharpe et des officiers, et que M. Ussher s'y trouverait aussi. Le Président m'ayant demandé si j'avait rédigé l'acte d'abdication, je lui répondis que je l'avais commencé chez moi, et que je l'achèverais s'il me donnait une plume et de l'encre. Sa femme, Mme Joutte Lachenais, me fournit ces objets. Je m'assis près d'un guéridon qui était dans un petit salon au nord du palais, tandis que Boyer était à moitié couché sur un canapé ; il était atteint d'un gros rhume et avait un peu de fièvre. Quand j'eus achevé d'écrire, je lui donnai lecture de ce qui suit : (Voici l'acte d'abdication).

AU SÉNAT DE LA RÉPUBLIQUE D'HAITI

Citoyens Sénateurs,

Vingt-cinq années se sont écoulées depuis que j'ai été appelé à remplacer l'illustre fondateur de la République que la mort venait d'enlever à la Patrie. Durant cette période de temps, des événements mémorables

(1) Elle contient de nombreuses ratures et des phrases entières que le texte officiel ne reproduit pas.
(2) Consul Général d'Angleterre en 1843.

se sont accomplis. Dans toutes les circonstances, je me suis toujours efforcé de remplir les vues de l'immortel Pétion, que mieux que personne, j'étais en position de connaître. Ainsi j'ai été heureux de voir successivement disparaître du sol, et la guerre civile et les divisions de territoire qui faisaient du peuple haïtien une nation sans force, sans unité, j'ai pu ensuite voir reconnaître solennellement sa souveraineté nationale, garantie par des traités dont la foi publique prescrivait l'exécution.

Les efforts de mon administration ont constamment tendu vers un système de sage économie des deniers publics. En ce moment, la situation du trésor national offre la preuve de ma constante sollicitude, environ un million de piastres y est placé en réserve, d'autres fonds sont en outre déposés à la caisse des dépôts et consignations, à Paris, pour compte de la République.

De récents événements, que je ne dois pas qualifier ici, ayant amené pour moi des déceptions auxquelles je ne devais pas m'attendre, je crois qu'il est de ma dignité, comme de mon devoir envers la Patrie, de donner, dans cette circonstance, une preuve de mon entière abnégation personnelle, en abdiquant solennellement le pouvoir dont j'ai été revêtu.

En me condamnant en outre à un ostracisme volontaire, je veux ôter toute chance à la guerre civile, tout prétexte à la malveillance. Je ne forme plus qu'un vœu : c'est qu'Haïti soit aussi heureuse que mon cœur l'a toujours désiré (1).

(1) Beaubrun Ardouin, *Histoire d'Haïti*, tome II, pages 326, 327 et suivantes.

V

L'embarquement du Président et de sa famille avait eu lieu le 13 mars dans l'après-midi selon les termes du protocole fixé par Beaubrun Ardouin et le Consul Général d'Angleterre.

Le matin du départ de la corvette, Fine Laraque était montée à bord saluer une dernière fois sa mère et transmettre à celle-ci une lettre d'adieu de la part de son gendre Pierre Faubert. L'admirateur de Fénelon, malgré l'angoisse de l'heure n'avait pas abandonné pour la circonstance ses tournures pompeuses et protocolaires (1).

A Madame Lachenais,
à bord de la Corvette *Scylla*.

Madame,

Regrettant beaucoup de n'avoir pas pu vous saluer avant le triste moment où vous vous êtes éloignée du Palais National, j'ai prié Mme Faubert de vous remettre de ma part cette lettre destinée à vous exprimer toute la peine que me fait un si douloureux départ. Dans maintes circonstances, vous m'avez témoigné bien de l'intérêt ; j'en ai toujours été touché, et j'en conserverai longtemps le souvenir. Si j'éprouvais pour vous il y a peu de jours, un affectueux respect qui était dû à la mère de Fine que j'ai tou-

____

(1) Voir les lettres d'une Amoureuse par M. Fernand Hibbert *(Revue de la Ligue de la Jeunesse Haïtienne)*.

jours aimée comme une sœur digne d'être beaucoup aimée, aujourd'hui j'éprouve mieux encore ce sentiment. Je serai donc heureux, Madame, de trouver l'occasion de vous être utile en quelque chose. Employez-moi ici à tout ce que vous désirez, à l'égard de vos affaires ; je m'occuperai avec beaucoup d'empressement et de plaisir de tout ce dont vous voudrez me charger.

Je vous prie d'être mon organe auprès du Président pour lui exprimer mes regrets et le profond respect que j'éprouverai toujours pour lui, je présente aussi mes salutations empressées à Mme Bazelais (1) et à Mme Coquière (2) et je renouvelle mes amitiés à Coquière et à mon cousin Bazelais (3). En vous souhaitant un heureux voyage, j'ai l'honneur de vous saluer Madame, avec le plus grand respect.

P. FAUBERT, jeune.

Port-au-Prince, 15 mars 1843.

Le 19, après 4 jours de beau voyage, le commandant Sharpe touchait au Port Royal. Boyer, même du temps de sa toute puissance, avait conservé ses belles manières, les accentuant en terre étrangère, il s'était fait un devoir avant d'abandonner la *Scylla* de remercier d'une façon spéciale l'amiral-commandant en chef, des bons procédés qu'on avait eus à son égard à bord de l'un de ses navires. La lettre de l'Ex-Président adressée à Sir Charles Adam est d'une parfaite correction.

(1) Azéma Boyer.
(2) Hersilie Pétion.
(3) Charles Bazelais, père de Boyer Bazelais, etc., était le fils de Louis Laurent Bazelais, chef d'État-Major des armées de l'Indépendance.

Au VICE-AMIRAL, Sir Charles ADAM, K. C. B.,
Commandant les forces maritimes de S. M. B.
dans les Indes Occidentales.

Monsieur l'Amiral,

Les événements politiques qui ont eu lieu récemment en Haïti m'ont déterminé à abdiquer le pouvoir dont j'étais revêtu comme Président de la République afin de la préserver des horreurs de la guerre civile.

Mon intention était de me rendre en Europe, mais la faiblesse de ma santé m'a décidé à faire d'abord une station à la Jamaïque où je désire vivre dans la plus profonde retraite avant de réaliser ce projet.

Appréciant la grandeur de votre caractère, j'éprouve le besoin de vous exprimer ici les sentiments de ma haute considération. Permettez que j'exprime aussi ma gratitude pour les procédés obligeants dont j'ai été l'objet de la part du Commandant de la Corvette de S. M. B. la *Scylla*.

Veuillez agréer, Monsieur le Vice-Amiral, etc.

BOYER.

Boyer par le même courrier annonçait sa présence dans l'Ile au Gouverneur général de la Jamaïque.

A son Excellence,
le Comte Lord d'Elgine et Kincaerdine, Gouverneur-général de la Jamaïque.

Excellence,

Les événements politiques survenus depuis peu de temps dans ma patrie, l'ayant menacée des horreurs de la guerre civile, j'ai pensé qu'il était de ma dignité d'abdiquer le pouvoir que j'y ai exercé durant vingt-cinq ans comme Président de la République. Je devais ce sacrifice à mon pays que j'ai toujours cherché à préserver des dissentions intestines après lui avoir procuré la paix intérieure et extérieure. Mon désir était de me rendre immédiatement en Europe sur la terre hospitalière de la généreuse nation britannique, mais ma santé altérée ne me permettant pas de suivre ce dessein dans la saison actuelle, je me suis décidé, d'après les offres bienveillantes de M. le Consul de S. M. B. en Haïti, à venir dans cette Ile dont le Gouvernement a été confié à Votre Excellence, pour y attendre la belle saison. Mon intention est d'y vivre durant ce peu de temps dans une retraite absolue, à la campagne.

Les sentiments élevés qui distinguent Votre Excellence, le haut caractère dont elle est revêtue, sont pour moi un sûr garant que je trouverai de sa part dans mes malheurs, les procédés nobles et généreux que l'on est toujours assuré de rencontrer dans les représentants de S. M. B.

Dans cette attente, je vous prie, Excellence, d'agréer l'assurance de ma haute estime et de ma considération distinguée.

BOYER.

En rade de Port-Royal (Jamaíca) à bord de la Corvette de S. M. B.

Scylla, le 19 *mars* 1843.

LES PROPOS D'EXIL

I

Nous avions abandonné le Président fugitif en rade de Port-Royal à bord de la *Scylla* annonçant sa présence dans la colonie au Cómte Lord d'Elgine et Kincaerdine gouverneur général de la Jamaïque (1). Cette formalité de bienséance remplie, le successeur de Pétion prenait solennellement congé du commandant Sharpe. Les adieux furent touchants et l'état-major de la corvette, dans la matinée du 19 mars 1843, présentait une dernière fois ses hommages au respectable vieillard que les hasards de l'existence avaient jeté sur son chemin.

Le dernier acte du drame terminé, les exilés aux allures sévères, entourés du respect de tous, s'acheminaient vers Kingston dans des chaloupes spéciales, gracieusement mises par l'Amirauté anglaise, à la disposition de Jean-Pierre Boyer (2). Sitôt en terre ferme, la famille présidentielle avait vite cherché un logis à sa convenance, c'est-à-dire, un lieu de retraite et de méditation.

Malgré les prévenances des autorités locales, les fidèles partisans du régime déchu qui suivaient le

(1) Il commanda l'Ile de 1842 à 1846. Voir *Handbook of Jamaïca*, Année 1894, p. 56.

(2) Le port commercial de Kingston fut pendant longtemps la station navale de Port-Royal. Seules des chaloupes à cette époque reliaient les deux villes entre elles.

Chef de l'Etat malheureux, commençaient à sentir le douloureux calvaire que quelques-uns d'entre eux devaient gravir jusqu'à leur mort. Ils s'étaient installés en pleine ville, dans un des beaux quartiers de la cité, au 98 de l'Est Queen Street, en face du Central Parc qui devait voir bien souvent depuis le vaincu de Praslin promener ses rêveries à travers ses bosquets.

Dans la villa qui leur servait de refuge, à l'abri des regards indiscrets, Joutte Lachenais s'organisait hâtivement une nouvelle vie. Elle avait tenté de reconstituer l'existence intime d'autrefois ; mais si les circonstances ne lui étaient guère favorables, elle put du moins pendant les quelques mois qui lui restaient à passer avec les siens, rendre suspportable à sa famille les pénibles débuts de l'exil.

C'est dans cet intérieur chancelant, encore meurtri par les fatigues du voyage, que le général Boyer jeté à la côte de la Jamaïque par la bourrasque révolutionnaire, cherchait vainement à comprendre la trame des événements qui s'étaient accomplis. La catastrophe qui venait de briser son foyer et de lui enlever tout repos dans ses vieux jours, eut une violente répercussion sur sa santé maladive, depuis quelque temps.

Le successeur de Pétion près d'un mois fut alité et cette grande contrariété ne manquait pas de donner à son entourage de légitimes inquiétudes (1).

Le gouverneur général au courant de toutes ces

(1) Nous avons vu précédemment que le jour de son abdication, le Président Boyer avait une forte grippe et un peu de fièvre. Voir également sa lettre au gouverneur général de la Jamaïque, en date du 19 mars 1843, à bord de la corvette SCYLLA.

misères, de sa résidence de Kings'House, s'informait presque journellement auprès des fugitifs, des nouvelles de l'auguste malade par l'intermédiaire du Capitaine Bruce, son secrétaire.

Ainsi donc une correspondance suivie s'était établie entre le Colonel Coquierre, porte-parole désormais de l'ancien Président d'Haïti et l'honorable officier anglais.

Dans les derniers jours du mois d'avril 1843, Jean-Pierre Boyer était en pleine convalescence. Le fait fut vite porté à la connaissance du Comte Lord d'Elgine. La réponse du flegmatique secrétaire est d'une exquise politesse.

* A. M. Coquierre (1).

King's House, le 5 mai 1842.

Monsieur,

J'ai eu l'honneur de recevoir votre lettre du 1er du courant que j'ai transmise au Gouverneur, à sa résidence à la campagne. Le Gouverneur est extrêmement heureux d'apprendre que la santé de l'ex-Président d'Haïti s'est améliorée à la suite d'un séjour à la Jamaïque et il espère bientôt avoir le plaisir de le recevoir à Kings' House.

Je suis chargé de demander que vous ayez la bonté de fixer un jour quelconque, après lundi 15 du courant, où il conviendrait à l'ex-Président de visiter Spanish Town et que vous lui témoigniez

(1) Les lettres précédées d'un astérisque sont traduites de l'anglais par M. Charles Dupuy. Je le remercie ici d'une façon spéciale pour la bonne grâce avec laquelle il m'a toujours communiqué les renseignements qu'il détenait sur les vieux papiers de famille qui sont dans ces études livrés à la publicité.

le désir du gouverneur qu'il lui fasse la faveur de diner et de passer la nuit à King's House (1). Le Gouverneur demande la faveur de votre compagnie en cette occasion. Avec l'expression de la plus grande estime et considération, j'ai l'honneur d'être, Monsieur

Votre très humble et obéissant serviteur.

R. Bruce, Secrétaire.

Le Président Boyer avait fait savoir au gouverneur qu'il acceptait son aimable invitation à dîner et qu'il se rendrait à King's House le mercredi, 17 mai, Coquierre qui devait l'accompagner recevait une carte personnelle du Lord d'Elgine incluse dans le billet suivant :

King's House, le 11 mai 1843.

Le Capitaine Bruce a le plaisir d'envoyer sous ce couvert au Colonel Coquierre une carte pour mercredi le 17 courant, ce jour étant celui où l'ex-Président d'Haïti a accepté l'invitation que lui a faite le gouverneur de dîner à King's House.

Insensiblement les exilés, par la force même des choses, commençaient à mener une existence mondaine. La présence de ces hôtes de marque dans l'Ile avait ému le public qui manifestait envers la famille présidentielle une sympathique curiosité. La haute société anglaise elle-même donnait le ton dans la circonstance, en couvrant le successeur de Pétion de politesses et d'attentions.

(1) King's House se trouvait à Spanish Town qui est située à douze mille de Kingston et qui fut jusqu'en 1871 la capitale politique de la Jamaïque. Voir *Handbook of Jamaïca*, année 1894, p. 61.

Après avoir dîné le 17 à King's House, c'était maintenant l'Attorney-général de la Jamaïque (1), Dowell O'Reilly, qui rappelait modestement au général Boyer, toujours par l'entremise de Coquierre, qu'il aurait l'honneur de l'attendre à déjeuner, comme il avait été convenu, le 30 mai, en son hôtel.

L'Attorney-général aura l'honneur d'attendre à déjeuner le Président Boyer, à 11 heures, le dimanche 30 du courant.

> A Monsieur le Colonel Coquierre,
> En Ville.

Pendant que les réceptions battaient leur plein à Kingston, et que l'on fêtait notre héros avec un cérémonial digne de la cour de Saint-James, de violentes secousses sismiques, si fréquentes à l'époque, venaient bouleverser l'île. Dans les premiers jours du mois de juin, Jean-Pierre Boyer et sa « suite » s'en furent déposer leurs cartes au palais du gouverneur. De suite l'infatigable Bruce reprenait la plume pour remercier l'ex-président de cette marque de sympathie.

> *King's House, le 8 juin 1843.*

Monsieur,

J'ai reçu les cartes laissées pour le Gouverneur par l'ex-Président et sa suite.

Au nom de Son Excellence, j'ai l'avantage de présenter mes remerciements reconnaissants à l'ex-

---

(1) Ce fonctionnaire qui se trouve au sommet de la hiérarchie judiciaire de l'île occupe les fonctions de Commissaire du Gouvernement.

président pour ce témoignage de sympathie à un moment de la plus profonde détresse et d'affliction (1).

Veuillez agréer, Monsieur, l'assurance de ma plus haute considération et je reste Monsieur,

Votre obéissant serviteur,
R. Bruce.

Au Colonel Coquierre.

Si la vie de la colonie s'était singulièrement dramatisée depuis les derniers événements survenus à la Jamaïque, l'existence présidentielle s'assombrissait à son tour. Une catastrophe peut-être plus douloureuse que l'exil allait s'abattre sur Jean-Pierre Boyer. Cette fois-ci, c'est la mort qui frappera dans ses sentiments les plus chers le vieillard fugitif.

Le 22 juillet 1843 « sa bien-aimée Joutte » s'était éteinte dans ses bras.

Celle qui venait de rentrer dans la tombe avait laissé la désolation à son foyer. Sa fin inattendue augmentait les tristesses de tous, en ravivant les souvenirs douloureux de la terre natale. Sans doute, la défunte eut l'existence bien remplie et ses exubérances de jeunesse, ses premières amours tapageuses ne feront que rappeler à nos petits-neveux qu'avant son âge mûr elle fut remarquablement belle. La postérité indulgente pour les amoureuses a pardonné à Joutte Lachenais, et les aventures histo-

____

(1) De fréquentes perturbations atmosphériques tourmentaient la Jamaïque, depuis près de deux ans, quand le Président Boyer se réfugia à Kingston. L'île était recouverte d'un intense brouillard qui constituait un réel danger pour la navigation. Voir *Handbook of Jamaïca*, année 1894, p. 66.

tiques de sa vie ont donné à sa physionomie ce je ne sais quoi qui la rend impérissable.

Ici, en présence des textes une question se pose : le successeur de Pétion avait-il épousé sa compagne dans un mariage in extremis? Cet homme orgueilleux avait-il voulu régulariser son union en présence des autorités anglaises et donner cette suprême satisfaction à la mourante?

Pour quiconque a étudié de près le caractère de Jean-Pierre Boyer, le fait est non seulement possible mais fort probable et le billet de faire part de sa « commère », malgré sa sécheresse décevante, semble confirmer cette présomption.

Kingston, 23 *juillet* 1843.

Vous êtes prié d'assister à l'enterrement de

MADAME BOYER

qui aura lieu aujourd'hui à 4 heures, Est Queen Street, n° 98.

Ainsi rentrait dans la tombe celle qui fit tant parler d'elle en son temps !

Le surlendemain des funérailles, les notes de l'entrepreneur des pompes funèbres affluèrent au domicile du Président. Veut-on savoir le prix du cercueil?

Le citoyen Morin va nous l'apprendre lui-même.

Reçu ce 27 juillet 1843, de Son Excellence l'Ex-Président Boyer, vingt-huit pounds stg pour le cercueil de sa dame faite (*sic*) en acajou (1) piqué,

____

(1) Est-ce la dame ou le cercueil?

conditionné par des crampons de fer recouverts avec du drap noir de première qualité (*sic*).

J.-F. MORIN.

Depuis le séjour des exilés à Kingston, « la belle saison » était revenue en Europe. Le départ pour l'Angleterre fut donc fixé au mois d'août (1). La famille de Joutte Lachenais n'était que trop heureuse d'abandonner la Jamaïque après le dernier malheur qui venait de la frapper et sentait l'impérieux besoin d'aller chercher ailleurs un ciel qui lui serait plus favorable. Il fallait s'éloigner d'un passé sur le compte duquel il n'y avait plus à revenir. Le général Boyer l'avait compris et cherchait sa route dans une orientation nouvelle. Il lui restait pour terminer sa longue carrière, à s'assurer du lendemain de sa postérité. C'est pourquoi avec du sang-froid, il songeait à l'éducation des enfants de Charles Bazelais (2) et de Coquierre (3). Il désirait surtout qu'ils fussent des hommes droits et loyaux, capables d'affronter sans faiblesse la lutte pour l'existence puisque plus que personne le vieux chef savait que « vivre c'est guerroyer » (4).

Le départ eut lieu le 23 août par le premier navire en partance pour Southampton. Ce jour-là, il y avait juste un mois que Joutte Lachenais était morte. L'ancien Président d'Haïti et sa famille reçurent en

(1) Voir lettre de Boyer au gouverneur de la Jamaïque en date du 19 mars 1843. *Revue de la Ligue,* n° de décembre 1916, p. 267.

(2) Boyer Bazelais, petit-fils du Président, avait près de 10 ans à cette époque.

(3) Boyer Coquierre était un gamin de 5 ans.

(4) Sénèque. Lettres à Lucillius. *Vivere militare est.*

s'embarquant de nombreuses marques d'estime et de regret. Ils emportaient avec eux des recommandations chaleureuses pour l'Angleterre. Jean-Pierre Boyer gagnait l'Europe précédé de sa réputation qui n'était pas des moindres.

Voyons, quelques-unes des lettres d'introduction confiées à la garde de Coquierre.

Kingston, Jamaïque, le 23 août 1843.

Milord,

Il est possible que cette lettre vous soit remise par le général Boyer, ex-Président d'Haïti. En l'absence du gouverneur de Kingston et comme M. Boyer s'est décidé à partir aujourd'hui par le steamer allant à Southampton, je prends la liberté de vous écrire pour le présenter à Votre Seigneurie.

L'amabilité universellement reconnue de son caractère et la dignité de sa conduite dans la malheureuse situation où l'a placé la politique de son pays, lui ont attiré le respect et l'estime de tous les gentilshommes de la Jamaïque. Vous voudrez bien me pardonner, Milord, de ce que je viens réclamer de vous pour lui cette bonté et cette considération qui, je suis convaincu, sont acquises sans réserve au général Boyer dès qu'on lie connaissance avec lui.

J'ai l'honneur d'être, Milord, très sincèrement votre

Dowrell O'REILLY,
Attornez-général de la Jamaïque.

Au Très Honorable Lord Stanley.

Voici encore une autre lettre de l'Attorney général au Duc de Roseburghe.

Mon cher Roseburghe,

Permettez-moi de vous présenter le général Boyer, ex-président d'Haïti, pour lequel je sollicite votre bienveillant accueil. Il a depuis son arrivée ici gagné le respect et l'estime de tous. Le gouverneur a été très anxieux de lui manifester sa grande considération comme d'ailleurs chacun de nous ici. J'espère que vous êtes en santé et je vous prie de présenter mes hommages à vos deux Duchesses et je vous souhaite un bonheur parfait.

Je suis très sincèrement vôtre,

Dowell O'Reilly.

A sa Grâce Le Duc de Roseburghe, à Londres.

Les trois dernières lettres qui suivent sont destinées à des membres du Parlement anglais (1).

Kingston Jamaïque, le 23 août 1843.

Mon cher Monsieur,

Permettez-moi de vous présenter le général Boyer qui s'est récemment retiré de la haute fonction de Président de l'Ile voisine d'Haïti.

J'ai l'avantage de solliciter votre bienveillante attention pour le général Boyer pendant son séjour en votre ville et je reste

Mon cher Monsieur, sincèrement vôtre

J. Milholland (2).

A John Irving Esq
Membre du Parlement à Londres.

(1) La plus grande partie de la correspondance anglaise de Boyer a disparu avec les papiers de famille des Bazelais.

(2) Malgré des recherches je n'ai pu avoir aucun renseignement sur ce personnage.

Kingston, Jamaïque, le 23 août 1843.

Mon cher M. Fenant,

Permettez-moi de vous présenter le général Boyer qui a récemment quitté la haute situation de Président de l'Ile d'Haïti, notre voisine, amené par des raisons qui, lorsqu'elles seront bien connues, seront enregistrées par l'histoire comme un exemple de patriotisme et d'amour de la patrie rarement surpassés.

Je vous prie d'accorder votre bienveillante attention au général Boyer pendant son séjour dans votre ville, et je reste, mon cher,

Votre ami et co-citadin,
J. MILHOLLAND.

Depuis nombre de nos chefs d'Etat ont séjourné à Kingston : mais quel accueil leur fut-il fait?

II

Après l'embarquement du président Boyer, le 13 mars 1843, l'Armée populaire, en prenant possession de Port-au-Prince avait bruyamment manifesté son triomphe. Les esprits sérieux qui craignaient à juste titre les représailles de la « jeune Haïti » voyaient s'ouvrir avec tristesse une ère de violence et d'anarchie. Les membres influents du régime déchu, partageant les inquiétudes de tous, jugeaient plus prudent de prendre l'exil et de se faire oublier. Charles Seguy Villevaleix était de ceux-là. Ami personnel de l'ancien Chef d'Etat, il s'était volontairement embarqué pour la France le 28 mars suivant. Il avait ainsi gagné le Havre puis Paris où nous le retrouvons dans son logis de la rue de l'Ouest, près du Luxembourg, essayant vainement d'entamer une correspondance avec Coquierre réfugié à la Jamaïque.

Paris, le 9 août 1843.

Mon cher Coquierre,

Je n'ai reçu qu'avant-hier votre lettre du 12 janvier dernier, il paraît qu'elle a éprouvé du retard car elle aurait dû me parvenir depuis trois semaines si, comme je le pense, vous l'avez expédiée par le paquebot anglais.

Vous devez être sans doute étonné de mon silence depuis mon départ de Port-au-Prince, mais j'aime à croire que vous ne l'avez pas attribué à l'oubli : je me hâte de vous expliquer la cause bien indépendante du désir de mon cœur.

J'ai quitté Haïti le 28 mars, et je suis arrivé au Havre le 8 mai, peu de jours après, les journaux annoncèrent que de votre côté vous aviez tous quitté la Jamaïque pour vous rendre à New-York et de là en Europe. j'attendais donc impatiemment votre arrivée à chaque instant, c'est ce motif qui m'empêcha de vous écrire comme j'en avais l'intention, et je vous assure que j'ai été bien peiné de la privation de vos nouvelles directes. Aussi je vous suis bien reconnaissant d'avoir eu la bonne idée de prendre l'initiative pour faire cesser mon anxiété sur votre famille et principalement sur le sort de votre oncle (1).

Veuillez lui dire que j'apprécie de toute mon âme le témoignage qu'il vous a chargé de me transmettre de ses sentiments pour moi. Il m'est plus cher et plus honorable de le recevoir aujourd'hui que dans le temps de sa prospérité. Dites-lui encore que de loin comme de près, mon cœur lui est tout dévoué.

Je vous prie, mon cher Coquierre, d'offrir à tous les autres membres de votre famille l'assurance de ma sincère affection, il me tarde vraiment de les voir en France et de lui en renouveler moi-même l'expression. Je ne terminerai pas cette lettre sans m'acquitter d'une promesse que j'ai faite au digne Amiral Baudin (2), celle d'assurer votre oncle partout où il sera de sa haute et profonde estime. Vous connaissez mes sentiments pour vous, ils n'ont point changé.

Tout à vous de cœur,

Seguy VILLEVALEIX.

(1) Le Président Boyer.
(2) L'amiral Baudin était venu en mission à Port-au-Prince en 1838 accompagné du Baron de Las Casas, membre de la Chambre des Députés. A cette époque l'amiral n'était qu'un simple capitaine de vaisseau.

P. S. — Pour ne pas gêner ma mère et dans l'attente de l'arrivée de ma femme et de mes quatre filles que j'ai laissée à Port-au-Prince en quittant cette ville ; j'ai pris un petit logement rue de l'Ouest, n° 22, près du Luxembourg. C'est à ce domicile que je vous serai obligé de m'adresser vos lettres (1).

S. V.

Le séjour du général Boyer, pour des causes que nous ignorons, fut de courte durée en Angleterre. Il ne tardait pas à laisser pour se rendre sur la terre de France qu'il revoyait avec émotion. Les souvenirs de jeunesse lui étaient revenus nombreux et vivaces. Paris lui avait rappelé André Rigaud et tous les compagnons d'armes qui, comme lui, avaient suivi le Chef en exil après l'héroïque défense du Sud contre les hordes de Toussaint Louverture.

La Monarchie de Juillet oubliant les vieilles rancunes politiques accueillait à bras ouverts le successeur de Pétion, si populaire parmi les français depuis l'insurrection de Praslin. Présenté à Louis-Philippe, il était reçu en souverain.

« Votre Majesté est-elle satisfaite de son séjour en France », lui avait demandé le roi?

« Enchanté, Sire, mais Votre Majesté me permettra de lui rappeler que je ne suis qu'un simple président de République », répliquait modestement Jean-Pierre Boyer

« Monsieur le Président, reprenait son royal inter-

---

(1) Charles Seguy Villevaleix ne revint jamais en Haïti. Il vécut avec sa famille à Alger où il mourut très vieux. Il avait revendiqué la nationalité française et était devenu maire d'Alger.

locuteur, quand un homme a gouverné pendant vingt cinq ans un peuple, il est toujours une Majesté (1) ».

Le Château de Pau, au cours de l'entretien, était gracieusement mis à sa disposition comme résidence définitive Le vieux président avait refusé cette offre et s'était avec simplicité créé une retraite dans Paris. Des motifs sérieux avaient motivé cette décision : il tenait par-dessus tout à conserver sa liberté d'action et gagner s'il était nécessaire la Jamaïque afin de suivre d'une façon plus complète l'évolution scandaleuse de la jeune Haïti.

Le général Boyer attendait donc des nouvelles de Port-au-Prince quand il reçut une lettre incroyable d'un certain Michel Scipion qui se disait « Prince d'Hayti » et beau-frère de Christophe ! Celui-ci ne réclamait rien moins que la fortune royale qui se trouvait en dépôt chez un banquier de Londres, et notre épistolier, tout en racontant une tentative de chantage faite par un faux dauphin sur la personne de la reine, essaie à son tour d'en commettre une au détriment de l'ancien Chef d'État

Monsieur le président (2),

Je suis surpris de vous voir arrivé en Europe après avoir quitté un si beau pays que St Domin-

---

(1) Cette anecdote comme celles que le lecteur trouvera au cours de ces dernières études sont des souvenirs conservés par tradition dans la famille. Elles ont été racontées par Charles Bazelais à son gendre Daguesseau-Lespinasse, mon grand-père. Elle est rapporté autrement par Madiou, *Histoire d'Haïti*, tome III.

(2) L'orthographe et la ponctuation sont rigoureusement respectées.

gue ; ayant une affaire de la plus haute importance à vous communiquer, je vous prie d'excuser la liberté que je prends de vous écrire.

Je désirerais savoir : si en 1841 lorsque vous étiez à St Domingue vous avez reçu une lettre venant de Londres, vous demandant des renseignements lorsque Madame Christophe a quitté le Cap venant de la gonaive (1) elle vous a dit qu'elle quittait St Domingue, lui ayant demandé pourquoi? Elle vous a répondue qu'elle ne pouvait rester plus longtemps parce qu'elle pensait toujours à son mari, alors vous lui avez donné une somme pour son voyage et celui de ses demoiselles pour l'Europe ; en lui donnant cette somme vous lui avez déclaré qu'elle n'avait plus rien à prétendre sur St Domingue. C'est dans la même semaine qu'elle a pris la fuite ; avant d'aller vous parler à la Gonaïve elle avait fait embarquer sur le vaisseau anglais qui l'attendait, la couronne, le Trésor et tout l'argenterie. Les sentinelles qui gardaient le chateau n'ont mis aucune opposition la connaissant comme reine.

Le lendemain du départ de Made Christophe, vous êtes venu au Chateau avec votre garde et avez pris tous les livres et papiers qui se trouvaient dans le cabinet du roi, c'est par là que vous aviez su que sa Majesté Christophe avait avant sa mort envoyé de l'argent en Angleterre, alors vous avez écrit au Directeur de la banque que ni Madame Christophe, ni ses enfants n'avaient droit à cet argent, qu'il appartenait aux parents directs du roi.

Je puis, Monsieur le Président, vous donner tous les détails de ce qu'était Christophe avant d'avoir

(1) Gonaïves.

épousé ma sœur et avant d'avoir été reconnu roi
par l'Angleterre ; je suis moi, nègre libre, jamais
personne de ma famille n'a été esclave, en 1789 mon
père a pris la cause des blancs, tous ses biens ont été
confisqués par le gouvernement qui en jouit, sous
peine de perdre la vie, ni lui ni ses parents ne peuvent
rentrer à St Domingue, je me suis réfugié à
Philadelphie et dela je suis revenu en France, je
vous demande, Monsieur le président, si c'est vous
ou Madame Christophe qui avez le testament de
Christophe, attendu que vous avez ramassé tous les
papiers dans le cabinet du Roi, c'est à ce sujet que
je vous ai écrit de Londres.

Vous devez bien penser que si vous ou Madame
Christophe prétendez avoir droit à l'argent qui est
déposé à la caisse des consignations de Londres,
moi qui ai aussi cette prétention je ne vous céderai
en rien.

Mr Woll qui m'a donné les détails de la lettre
que vous avez écrite au banquier de Londres qui
était le chargé d'affaires de sa Majesté, fut surpris
pour moi qu'un noir venant d'Italie pour poursuivre
Made Christophe afin de lui demander la couronne
de Saint Domingue, mais elle n'a pas voulu le
reconnaitre, il se disait frère du Roi, la fille aînée
de Made. Christophe lui a répondu, si vous êtes le
frère de mon père pourquoi n'avez vous pas pris sa
place après sa mort. De là il est revenu à Londres
chercher un témoin pour attaquer Made. Christophe
justement il s'est adressé à moi qui me trouvait à
Londres à cette époque Je fus chez lui et lui demandai qu'il était, il me dit qu'il était frère du Roi,
je lui demandai alors s'il savait seulement de quel
pays était Christophe, il me répondit que c'était

un nègre de St Vincent, je lui dis qu'ils se trompait que Christophe était un nègre d'Afrique et non de Saint Vincent qu'il n'avait jamais eu aucun parent que je le connaissais depuis mon enfance, il appartenait au Cap, qu'il venait de la Jamaïque, il a été vendu au Cap à deux négociants espagnols qui l'ont revendu à Made. Mangaut maîtresse de l'hôtel de la couronne au Cap. Christophe était un nègre très adroit, s'étant distingué dans la révolution, il a été nommé Roi après l'affaire de Toussaint Louverture et a été reconnu comme tel par l'Angleterre (1). De mon côté je vais vous dire comme je connaissais Made. Christophe à Londres en 1824, je me suis présenté chez elle en lui déclarant que j'étais beau frère de Sa Majesté, elle n'a pas voulu non plus me reconnaitre, je lui demandai si elle avait son contrat de mariage, elle n'a pas répondu sur cette question, je suis parti, elle m'a donné (de l'argent) pour mon voyage de Londres à Paris, malgré cela je me suis rendu à Londres en 1839 pensant la trouver on me dit qu'elle était partie pour l'Italie

Maintenant, Monsieur le président, deux questions se présentent, l'argent qui est à Londres d'après vos propres paroles, appartient aux parents directs du Roi, ce dernier n'en n'ayant pas je suis donc le seul héritier comme beau-frère ; si vous me reconnaissez comme tel nous pouvons traiter amiablement et vous en me fournissant les moyens de faire mon voyage je me charge de faire rentrer l'argent.

Si au contraire, seconde question, vous voulez méconnaître mes droits et vous allier avec Made. Christophe que je me réserve de poursuivre jusqu'à

(1) Il a une drôle de façon de comprendre l'histoire ! celui-là !

la dernière extrémité, je suis prêt à vous répondre sur toutes les questions et à repousser toutes attaques. Il vaut mieux je crois pour notre intérêt commun que nous soyons unis.

Si vous désirez me voir je me rendrai à votre premier appel. Recevez, Monsieur le Président l'assurance de ma considération distinguée.

> Michel SCIPION, Prince d'Haity.

Paris, le 6 décembre 1843.

Ci-joint une explication de l'affaire de Londres.

Je n'ai pas pu retrouver à mon grand regret le mémoire dont il est question dans la lettre. Mais qu'a dû penser l'infortuné président de la tournure intempestive de l'épître qu'il recevait?

Au printemps de 1844, le roi Louis-Philippe toujours prévenant pour les hôtes de France, faisait parvenir au général Boyer des permis lui permettant de fréquenter les domaines royaux généralement interdits au public.

Voici le laissez-passer qui donnait au vieux chef Haïtien l'accès du Parc Monceau.

DOMAINE PRIVÉ DU ROI

Année 1844

**Entrée du Parc de Monceaux
les Dimanches et Jeudis**

Le Régisseur du Parc de Monceaux est autorisé à y laisser entrer M. le Gal. Boyer et trois personnes.

Palais Royal le 17 avril 1844.

*Pour l'Administration du Domaine Privé,
Le Chef du Secrétariat*

BAYET.

NOTA. — *Le Parc dont l'entrée est rue de Chartres n° 6, sera ouvert à huit heures du matin et fermé un quart d'heure avant le coucher du soleil.*

Apprenant la confiscation de ses biens par les libéraux de Port-au-Prince, le successeur de Pétion ressentit une légitime indignation. Il pensait avec raison que le moment était venu pour lui de gagner la Jamaïque et sollicitait ainsi un passeport de la Monarchie de Juillet qui lui fut de suite donné.

AU NOM DU ROI DES FRANÇAIS

N° 138.

Nous, Ministre et Secrétaire d'Etat des Affaires Etrangères, prions les Officiers Civils et Militaires chargés de maintenir l'ordre public dans l'Intérieur du Royaume et tous les Pays amis ou alliés de la France de laisser librement passer le Général Boyer se rendant à la Jamaïque avec sa famille et sa suite.

. . . .

. . . .

et de leur donner aide et protection en cas de besoin.

Le présent passeport délivré à Paris le 3 mai 1844.

Le Ministre des Affaires Etrangères

GERISOT.

Par le Ministre
Le Chef du Bureau de la Chancellerie,

DE LAMARE (1).

Jean-Pierre Boyer, confiant dans la légitimité de ses droits, accompagné de sa famille, avait débarqué à Kingston dans la première quinzaine de juillet bien décidé, cette fois, à reprendre jusqu'au bout la lutte contre ses implacables adversaires de Praslin.

____

(1) Signature douteuse.

III

La jeune Haïti installée au pouvoir menait grand bruit depuis la chute du Président Boyer. La brillante Constituante de 43 dotait la République d'une charte qui n'était qu'une pure folie et pour compléter la « rénovation » si bien commencée, Rivière-Hérard avait été jugé digne de devenir le successeur légitime de Dessalines et de Pétion !

Devant les réformes si brillantes qui s'annonçaient dans le pays, les membres de l'opposition victorieuse luttaient entre eux avec acrimonie tandis que le bon peuple berné jusqu'au bout ne se tenait pas pour satisfait. Les choses en étaient là quand les exilés revinrent à Kingston ; nous avions à peu près perdu les provinces dominicaines, une insurrection avait éclaté dans le Sud et parmi les nombreuses victimes du nouveau gouvernement, Dumai-Lespinasse lui-même, s'était reconnu un beau matin dans les prisons de Port-au-Prince (1) Le Directeur du *Manifeste* avait protesté avec violence contre cette mesure humiliante pour sa personne Sa lettre à Hérard Dumesle était un chef-d'œuvre d'impertinence.

(1) Hérard Dumesles, d'accord avec Rivière Hérard qui se trouvait en Dominicanie, fatigué de l'opposition de la Constituante, la mettait à la porte le 31 mars 1844. Dumai-Lespinasse était à cette époque le Président de l'Assemblée Nationale, ne s'était pas gêné pour manifester son indignation. Aussi il fut arrêté le 5 avril comme conspirateur.

Prison du Port-Républicain, le 29 avril 1844.

A Monsieur Hérard Dumesle, Secrétaire
d'État au département de la guerre, etc.

Monsieur,

Il m'est coûteux de vous écrire car je voudrais
n'avoir jamais à le faire. Mais je ne puis être silen-
cieusement victime de tous les grossiers mensonges
et de toutes les calomnies que vous répandez contre
moi.

Hier, ma mère agitée de trop justes craintes s'est
rendue chez vous pour vous dénoncer la descente de
lieux nocturne qui fut faite en ma prison par le
commandant Belgarde et vous rendre responsable
de tout assassinat qui pourrait être commis sur ma
personne. Vous avez répondu que vous n'aviez nulle
connaissance de ce fait et vous avez ajouté que vous
aviez en votre possession des pièces qui constatent
que l'infortuné Bazin était un émissaire envoyé par
moi pour aller fomenter la révolte dans la partie de
l'Artibonite, et que j'étais aussi le moteur du mouvement du Sud.

Je donne le plus formel démenti à ces infâmes
calomnies et je proteste, au nom du ciel, qu'elles
ne sont qu'une création de la méchanceté et du plus
impur machiavélisme. Et je vous jette le plus formel
défi d'en produire la preuve la plus légère.

L'infortuné Bazin (1) a été la victime d'événements
hélas trop sinistres que l'astuce et la perfidie n'em

(1) Bazin était un député du Nord et représentant de la
Petite Rivière à la Constituante. Mal vu, comme ses autres
collègues par la camarilla militaire de Rivière Hérard, il fut
assassiné par elle dans une rixe provoquée par celle-ci, à
la Petite Rivière, le 18 février 1844.

pêcheront point de se dérouler et sur lesquels l'avenir répandra le plus grand jour

Ma ligne de conduite et ma profession de foi ne sont ignorées de qui que ce soit. Je n'ai jamais professé que publiquement la rigoureuse observance des lois et le culte de la Constitution. Je serais heureux que ma parole et mes écrits eussent fait le plus d'apôtres possible.

Vous et vos agents me retenez depuis 21 jours dans la prison par la puissance de la force qui est maintenant en vos mains, ayez le courage d'avouer que la force est votre maison et n'étayez pas vos actes arbitraires sur le mensonge et la calomnie (1).

D. LESPINASSE.

Le malheureux Dumai ne fit pas moins huit mois de prison dans des conditions malheureuses. Hérard Dumesle avait atteint son but en écartant définitivement de la scène politique son ancien compagnon d'opposition de 1839 dont il redoutait la puissance d'action et le verbe éclatant !

(1) Cette lettre dont je détiens l'original avait été trouvée dans les papiers privés d'Hérard Dumesle et donnée à mon grand-père par l'un des héritiers du tribun.

IV

La famille présidentielle avait retrouvé à son poste le Comte Lord d'Elgine. Celui-ci les avait reçus en amis et les relations d'autrefois étaient devenues moins protocolaires et plus cordiales. Les exilés pressentant que leur séjour à la Jamaïque serait de longue durée s'étaient monté un home confortable et discret au 31 de la Night-Street qui était une des avenues solitaires de Kingston. Plus familiarisés avec l'existence anglaise, elle leur fut moins pénible et la vie du général Boyer aurait pu s'achever sans heurt et sans bruit si seulement l'avait voulu son successeur. Rivière Hérard s'était cru un grand homme parce qu'il avait insulté à la misère d'un vieillard absent et sans défense. Le décret du 9 mars 1844 qui ordonnait la spoliation des biens de l'ex-président d'Haïti n'avait rien ajouté au prestige du gouvernement d'alors qui depuis longtemps n'en possédait plus.

Jean-Pierre Boyer avait attendu cinq longs mois avant de crier son indignation. Il espérait que la justice de sa cause aurait enfin triomphé des passions ! Qu'avait-on fait des immenses domaines brutalement ravis à leur légitime propriétaire? L'histoire va nous l'apprendre.

Les libéraux au nom des principes pour lesquels ils avaient combattu s'étaient partagé en vainqueurs le patrimoine du vaincu ! Le prestigieux Lazarre, ignorant et superbe, avait trouvé à sa convenance les habitations Montmance, Pois la générale, Métivier et Drouart caféière. Rivière-Hérard avait fait son choix en s'emparant de Vaudreuil, Prince et Delage. Himbert, l'ancien serviteur d'hier, recevait pour prix de ses vertus : Pois la Ravine, Drouillard et Robin. Enfin les habitations Brache et Deschapelles étaient confiées à la garde du fidèle Guerrier ! Le partage avait continué au grand applaudissement de la foule (1). Le gouvernement de Rivière-Hérard fut éphémère

Le peuple haïtien fatigué de ses agissements avait embarqué à l'Arcahaie, le héros dePraslin, le 2 juin 1844, sur la corvette anglaise « Spartarn » en lui donnant pour compagnon de voyage Hérard-Dumesle.

Le général Boyer, revenant d'Angleterre, avait beaucoup ri en apprenant à Kingston que son successeur à la présidence villégiaturait dans la colonie. Le coup de théâtre de Port-au-Prince venait raffermir ses espérances et bouleverser tous ses plans. Les proscrits de 43 mettaient leur dernière planche de salut dans la magnanimité et la bonne foi du Président Guerrier. C'est pourquoi tous ils attendaient que le temps eût fait son œuvre.

Depuis les derniers événements d'Haïti les libéraux s'étaient implicitement avoués vaincus. Les plus clairvoyants reconnaissaient l'impuissance de leurs actions et la vanité des rêves grandioses qu'ils avaient formés pour le pays. Ils réfléchissaient sur leurs infortunes et se demandaient si la politique qu'ils avaient jadis menée n'était pas une erreur.

Hérard-Dumesle dans des méditations d'exil s'était

(1) J'ai puisé les détails qui précèdent dans un saisissant tableau synoptique : « Note des biens appartenant aux émigrés affermés à divers ».

convaincu de ses torts et son humeur joyeuse s'était assombrie. Vainement il avait tenté d'approcher Jean-Pierre Boyer ; le successeur de Pétion se refusait à toute entrevue. Un jour ne pouvant lutter davantage contre sa conscience il avait forcé la porte du vieux président et s'était jeté à ses genoux en réclamant son pardon. Celui-ci l'avait relevé en lui disant :

« On ne s'agenouille pas aux pieds d'un homme, Monsieur, je vous pardonne le mal que vous m'avez fait, mais nul ne peut vous pardonner les torts que vous avez causés à votre pays ».

On était arrivé au mois de décembre 1844 sans qu'aucune mesure concernant le décret du 9 mars qui ordonnait la spoliation de ses biens, ne fût prise par le nouveau gouvernement.

L'ex-Président s'était ému de ce silence et chargeait Coquierre de transmettre au Ministre de l'Intérieur d'alors, le citoyen Jean Paul, une lettre explicative destinée au Chef de la République haïtienne. Le Colonel sans délai entamait les pourparlers

A Monsieur Paul, Ministre de l'Intérieur,

Mon cher concitoyen,

Connaissant votre obligeance, je prends la liberté de vous adresser le paquet ci-joint que je vous prie de remettre au Président de la République haïtienne.

Veuillez agréer l'assurance de mes sentiments affectueux et de la haute considération avec laquelle, j'ai l'honneur de vous saluer.

E. COQUIERRE.

Kingston, 20 décembre 1844.

Le « paquet » dont parle Coquierre, ne contenait qu'une simple réclamation

Au Président de la République Haïtienne.

Président,

Confiant dans les principes de justice qui vous animent, je viens aujourd'hui faire la réclamation de mes propriétés dont j'ai été si injustement dépossédé.

Durant le régime odieux et oppresseur sous lequel elles m'ont été ravies au mépris de ce qu'il y a de plus sacré, j'ai jugé inutile de faire aucune protestation contre l'acte inique qui me dépouillait, parce qu'il était naturel de penser que cet affreux état des choses serait infailliblement détruit et remplacé par un gouvernement juste et réparateur. Cet heureux événement ayant été accompli et le bon ordre rétabli, je me suis décidé à ne plus différer la juste réclamation qui fait l'objet de la présente.

J'ai l'honneur, Président, de vous saluer avec les sentiments de vénération qui vous sont dus.

BOYER.

Kingston, 20 décembre 1844.

Ce ne fut que deux mois après la réception du courrier de la Jamaïque que le Ministre Jean Paul, candidat à la présidence daigna faire à Coquierre un accusé de réception !

LIBERTÉ   ÉGALITÉ

RÉPUBLIQUE HAITIENNE

Port-Républicain, le 5 mars 1845, an XLII de l'Indépendance.

Le Secrétaire d'État
Au Département de l'Intérieur et de l'Agriculture

A Monsieur E. Coquierre, à Kingston (Jamaïque),

Mon cher concitoyen,

Votre lettre du 20 décembre de l'année dernière m'est parvenue en son temps aussi bien que le paquet que vous m'avez prié de remettre au Président de la République Haïtienne.

Je l'ai remis à sa destination. Vous recevrez sans doute la réponse du Président dès qu'il lui sera possible de la faire.

Agréez, mon cher concitoyen, l'assurance de ma parfaite considération.

PAUL.

Le général Boyer sans nouvelle de Port-au-Prince et se sentant bafoué par ceux qui détenaient le pouvoir, avait lancé depuis le 25 février sa première protestation au peuple Haitien

PROTESTATION

de l'Ex-Président d'Haïti contre la violation de ses droits les plus sacrés et la dépossession de ses propriétés.

Aux Haïtiens, mes compatriotes,

Lorsque, dans le mois de mars de l'année 1843, je me suis démis du pouvoir et me suis exilé sur la terre étrangère, vous savez que je me suis décidé à cette détermination pour ôter aux malveillants tout prétexte d'aggraver les malheurs de la patrie en propageant les horreurs de la guerre civile.

Après cette abnégation et les services rendus à mon pays, peut-on réfléchir sur les iniquités dont j'ai depuis été la victime, sans éprouver du dégoût et de l'indignation?

Mon cœur n'a jamais cessé d'être animé du plus pur patriotisme et tant que le sang coulera dans mes veines, je serai prêt à le verser, au besoin, pour l'affermissement de l'indépendance et de la nationalité d'Haïti. Or, par le sacrifice que j'ai fait en m'éloignant du sol qui m'a vu naître, j'ai renoncé à l'autorité, mais jamais à ma patrie Quoique en butte depuis longtemps aux traits de la plus lâche et de la plus atroce calomnie, j'ai résolu de ne jamais descendre à y répondre, confiant dans la Providence, dont la justice se manifeste tôt ou tard contre les méchants.

Le bon sens du public sait, au reste, toujours discerner et flétrir la malignité des imputations fabriquées par l'esprit de perversité; je me suis déterminé cette seule fois, à m'expliquer décidément, parce que c'est pour moi un devoir impérieux de ne pas laisser croire au monde, par mon silence, que je me suis résigné à la dépossession inique de mes propriétés et au dépouillement de mes droits les plus sacrés.

J'ai réclamé ces propriétés par la lettre ci-après au chef de l'État (suit la lettre au Président de la République Hatiienne), puis le vaincu de Praslin ajoutait :

Cette lettre n'a été écrite que quand, après plusieurs mois d'espérance vaine, je suis demeuré convaincu que le gouvernement ne prendrait pas l'initiative pour prononcer cette restitution. Cependant c'eût été un acte de rigoureuse justice et de grande moralité, car peut-on sans méconnaître tous les principes respectés dans le monde civilisé, maintenir une décision inconstitutionnelle et abominable.

En conséquence je proteste solennellement par la présente en face de Dieu et en présence des hommes contre le décret odieux du 9 mars 1844 qui, par le plus exécrable abus de pouvoir, a violé mes droits inaliénables et ordonné la spoliation de mes propriétés.

BOYER.

Kingston, Jamaïque, 25 février 1845.

Au milieu de cette lutte acrimonieuse si péniblement soutenue par les exilés, un grand malheur s'abattait sur la famille. Hersilie Pétion, l'âme du nouveau foyer, était morte presque mystérieusement le 7 mars 1845 !

Le billet d'enterrement de la défunte est d'une tragique simplicité :

Kingston, le 8 mars 1845,

Monsieur,

Vous êtes prié d'assister à l'enterrement de feue

JEANNE-MARIE-CLAIRE-ALEXANDRINE-HERSILIE PETION BOYER
Épouse de Mr EDMOND COQUIERRE

décédée hier à 10 h 1/2 du soir à l'âge de 26 ans. L'enterrement aura lieu aujourd'hui à 5 heures de l'après-midi dans sa maison de Night-street. n° 31.

De la part de son époux.

La fin prématurée de sa fille adoptive, qu'il entourait d'une jalouse tendresse, avait anéanti Jean-Pierre Boyer. L'absente laissait des enfants en bas âge ;

il fallait penser à eux et le sort réservé aux orphelins inquiétait d'une façon particulière, le vieux Président. Sa nièce Antoinette recevait à Port-au-Prince, le fruit de ses méditations

« Je sens qu'il faut absolument que je cherche quelques soulagements à mes peines. Mes tourments sont affreux. Il faut de (toute) nécessité que je sorte des lieux où l'adversité m'avait conduit et mon cœur m'indique le sol qui m'a vu naître. Je ne puis désormais être heureux, je n'aspire qu'à vivre dans la retraite et terminer mes jours dans mon pays.

« J'ai toutefois une obligation sacrée à remplir, c'est de me consacrer à l'avenir des enfants de l'infortunée Hersilie Pétion qu'une mort étrange et prématurée nous a ravie ».

Les exilés, contraints par la force des choses de vivre à la Jamaïque, menaient une existence que les ennuis du présent et les incertitudes de l'avenir rendaient pénible.

L'année 1845 s'était écoulée sans solutionner aucun des graves problèmes qui tourmentaient l'esprit de tous. Le statu quo dans lequel végétait depuis le retour d'Angleterre le successeur de Pétion ne pouvait durer encore longtemps. Il fallait sortir de cet état ; un effort fut tenté, et Coquierre, muni d'un sauf conduit, avait regagné le 28 avril 1846 la terre d'Haïti afin d'essayer la défense du patrimoine familial si sérieusement menacé. Le général Boyer, dans sa lettre du 6 mai à son « neveu » lui souhaitait un heureux voyage et un prompt retour.

Kingston, 6 mai 1846.

Mon cher neveu,

C'est avec le plus grand plaisir que j'ai reçu votre

lettre datée de Jacmel les 27 et 28 avril expirés. J'ai été bien aise de recevoir les détails que vous m'avez donnés sur l'état du pays. Je désire ardemment que vous puissiez être heureux dans votre voyage et que votre retour au milieu de nous soit aussi prompt que possible.

Vos enfants se portent bien, ils parlent souvent de vous. La famille est comme vous l'avez laissée.

Soyez toujours honnête, réservé et prudent.

Votre affectueux oncle,
BOYER.

Comment au milieu de tant de malheurs, l'ancien Président n'a-t-il pas douté de la vertu?

La mission de Coquierre ayant échoué à Port-au-Prince, le vieux Chef d'État lançait une seconde protestation, aussi vigoureuse que la première, contre le maintien du décret du 9 mars 44.

AUX HAITIENS, MES COMPATRIOTES

Je suis encore une fois obligé de faire entendre mes plaintes contre l'iniquité dont je suis la victime, puisque la réclamation que j'ai faite est restée sans effet. Il est inutile pour faire ressortir l'indignité des procédés exercés contre moi de rappeler ici les services rendus à mon pays. Aujourd'hui que la fougue des passions est amortie, que les esprits judicieux ont reconnu l'infamie de quelques-uns des principaux machinateurs qui ont dirigé le mouvement révolutionnaire de 1843, en trompant une partie du peuple par des promesses fallacieuses ; que leur conduite a soulevé l'indignation de la nation qui les a renversés et proscrits ; comment concevoir le maintien, jusqu'à présent, de l'acte odieux du 9 mars 1844? Acte qui a été suggéré et exigé, personne ne l'ignore, par ce gouvernement, qui deux mois après, le 3 mai suivant, fut anéanti

Plus d'une année s'est écoulée depuis que je vous adressai la protestation que j'ai dû faire pour la conservation de mes droits et contre le confiscation de mes propriétés. Pensant alors, comme à présent, que votre conscience condamne cette injustice, il m'a semblé convenable de vous adresser cette pièce.

Certes, vous auriez pu présumer que le décret immoral et inconstitutionnel qui ordonnait la spoliation des dites propriétés serait annulé. Vain espoir ! L'iniquité envers moi, s'est montrée implacable.

Persuadé qu'à cet égard vos sentiments sont invariables et que c'est avec le plus grand étonnement que vous avez remarqué l'étrange silence gardé sur ma juste revendication, j'élève de nouveau la voix pour que le monde entier puisse juger la persévérante malignité à laquelle je suis en butte.

Je m'abstiendrai de faire un long détail pour faire ressortir l'ingratitude dont j'ai été l'objet. Les événements importants accomplis pendant que j'étais au pouvoir sont universellement connus ; ils forment un contraste trop frappant en regard de la cruauté exercée contre moi, pour qu'il soit nécessaire de rien ajouter.

Le décret du 9 mars 1844 est l'acte le plus détestable du pouvoir qui dominait à cette époque. Il est en dehors des principes consacrés par les nations civilisées et n'a été rendu qu'en méconnaissant les droits les plus inviolables. Il est évidemment odieux par les deux dispositions qu'il renferme ; non seulement parce qu'elles sont en opposition à ces principes, mais encore parce qu'elles violent même la Constitution rédigée sous les auspices de ce gouvernement qui venait tout récemment de la promulguer.

Par l'une de ces dispositions, la perpétuité de mon exil a été décidée, quelle atrocité! Cependant c'est volontairement que je me suis retiré d'Haïti pour ôter à la malveillance tout prétexte de déchirer la patrie.

Les méchants! Ils n'ont pas compris cette abnégation, mais mon acte d'abdication atteste manifestement les sentiments qui m'animaient.

Par l'autre disposition je suis dépouillé de mes propriétés Quel affreux exemple d'immoralité donné au peuple! je m'arrête car ces infamies subsistant jusqu'à ce moment, c'est à la conscience publique à les flétrir.

Quelle que soit la durée de la persécution à laquelle je suis en proie, mon âme avec l'aide de Dieu s'élévera toujours au-dessus des traits de la perversité, ma conduite sera constamment digne, et mes vœux comme mon attachement pour mon pays ne cesseront qu'avec ma vie.

BOYER.

Kingston, 6 novembre 1846.

Ici, nous approchons de la fin de la correspondance d'exil. Les lettres sont adressées à Antoinette Madiou ou à Coquierre. Elles contiennent des souhaits, des espérances et des recommandations. Malgré l'éloignement, les cœurs déjà unis se sont unis davantage dans le malheur. Il recommande à sa nièce la résignation dans les infortunes. « Dans ce monde, lui écrivait-il, tout est passager et doit rentrer dans le néant, quelle que soit l'adversité que l'on subit durant la vie, la pureté de la conscience fortifie l'âme » (1). La pensée est digne d'un Sénèque. Son écriture est lâche, sa main moins certaine et nous retrouvons dans les derniers moments, remplissant l'office de Secrétaire près de l'aïeul, le jeune Boyer Bazelais adolescent.

Les exilés, après 4 années passées à la Jamaïque, avaient enfin compris qu'ils ne pouvaient rien contre le décret du 9 mars 1844. L'élection de Faustin Soulouque à la présidence et les événements qui s'en suivirent avaient été un coup mortel pour le successeur de Pétion qui voyait tous ses rêves s'écrouler en même temps. Désespéré, n'ayant plus rien à attendre d'une patrie pour laquelle il avait tant lutté, le général Boyer s'en était retourné à Paris et vivait au 11 de la rue de Castiglione en attendant que la mort eût bien voulu de la personne. Il s'éteignit dans les bras de son gendre, Charles Bazelais, le 9 juillet 1850, à l'âge de 74ans, après une longue carrière faite de sacrifices et de vertus.

Le matin même de son décès, un officier français d'infanterie, personnage mystérieux inconnu de tous, s'était présenté au domicile de la famille présidentielle et avait sollicité l'honneur de saluer la dépouille du chef haïtien. Edmond Coquierre, non sans hésitation, conduisit l'étrange visiteur dans la Chambre où reposait le défunt. Là, il s'était prosterné devant le cadavre et avait marmotté une prière. Une larme coula sur ses joues puis, maitrisant son émotion, il prenait vivement congé en refusant de dire qui il était. Charles Bazelais avait remarqué une

____

(1) Lettre du 7 décembre 1847 datée de Kingston.

ressemblance étrange entre les traits de l'officier et le faciès du mort (1).

Les funérailles du Président eurent lieu le surlendemain au milieu d'une assistance nombreuse On y avait été convié par ce billet de faire part :

Vous êtes prié d'assister au convoi, service et enterrement du général Jean-Pierre Boyer, ancien Président de la République d'Haïti, décédé le 9 juillet 1850, à l'âge de 74 ans, en son domicile rue Castiglione, 11, qui auront lieu le 11 courant à 10 heures, en l'Église de la Madeleine sa paroisse.

On se réunira à la maison mortuaire.

DE PROFUNDIS

De la part de M et Mme Bazelais et leurs enfants, de Mme Mariette Boyer et ses petits-enfants, de M. et Mme Coquierre et leurs enfants, de Mme Veuve Madiou et de Mme Vve Duton Inginac, ses gendre et fille, petits- enfants, sœur, neveu et nièces, petits-neveux et petites-nièces.

Jean-Pierre Boyer repose au cimetiète du Père Lachaise à Paris

Le visiteur prévenu, debout au pied du monument du Souvenir peut facilement reconnaître dans une des allées latérales la fine silhouette de sa chapelle

______

(1) Jean-Pierre Boyer eut-il un fils pendant son séjour en France avec Andrée Rigaud? La chose est fort possible et le gardien du caveau présidentiel au Père Lachaise a souvent raconté à mon père et à moi qu'une famille se disant les descendants du Chef d'État venait fréquemment visiter la chapelle où repose notre héros. Plus d'une fois n'ai-je pas trouvé dans l'urne d'argent qui repose sur l'autel des cartes de visite sur lesquelles se trouvaient gravés M. et Mme Boyer !

en marbre blanc. Tout autour de lui sommeillent de grands hommes (1) et son mausolée figure parmi les tombes historiques de la nécropole (2) Rares sont les haïtiens qui, de passage dans la grande ville, se souviennent de sa mémoire et le visitent quelquefois.

Tout récemment la famille fit restaurer son caveau menaçant ruine et mettre à l'abri des mains sacrilèges les derniers objets retrouvés dans la crypte. Aujourd'hui l'autel se dresse sur la dalle funéraire, et derrière le Christ d'argent un drapeau haïtien porté par une main pieuse semble monter la garde au fond du sépulcre.

Son pays l'avait renié et désemparé; il était revenu à la France sa première patrie comme le prodigue revient au foyer paternel. Il dort son dernier sommeil sur cette terre française qui sera éternellement libre, quoi qu'on dise. La malheureuse Haïti, plongée dans les luttes intestines fomentées par ses enfants, n'a jamais songé à la translation des restes du grand Président. Cete ingratitude n'est pas à la gloire de nos dirigeants d'autrefois. L'histoire chez nous trop souvent juge les hommes selon leur couleur et non d'après leurs actes.

L'Amiral Baudin, dont le nom est connu de tous, absent de Paris, n'avait pu assister aux funérailles du successeur de Pétion dont il était devenu un ami sincère. Il s'en excusait près de Coquierre en présentant à la famille ses condoléances émues.

(1) Le monument de Thiers fait presque vis-à-vis au monument Boyer.
(2) Le monument, malgré sa simplicité, est d'une grande richesse.

Paris, 6, rue Lavoisier, 14 *août* 1850.

Monsieur,

Absent de Paris au moment de la mort du Président Boyer, j'ai vivement regretté de n'avoir pu, en assistant à ses funérailles, donner un dernier témoignage d'estime et de respect à la mémoire d'un homme dont j'avais eu occasion d'apprécier les nobles qualités.

J'aurais aimé à lui voir rendre dans son tombeau une justice plus complète que celle qui lui a été donnée; ce sera j'espère la tâche de l'histoire : elle dira combien le général Boyer a été supérieur à tous les hommes qui pendant les cinquante dernières années l'ont précédé ou lui ont succédé dans le gouvernement de son pays.

Veuillez, je vous prie, vous charger de faire savoir à toutes les personnes de sa famille la part que je prends à leurs regrets et agréer l'assurance de ma considération distinguée.

A. BAUDIN.

Nous avons assisté à la dernière scène de l'épopée boyériste. La mort du Président met fin à cette étude. De ces souvenirs intimes péniblement agencés, j'espère qu'il restera quelque chose.

Les historiens de demain pourront tracer d'une façon définitive la véritable physionomie familiale du grand Chef d'État Haïtien.

Heureux certes, je le serai, les documents parlant d'eux-mêmes, si des rêveurs d'une autre époque se plaisent à faire revivre notre passé de peuple libre et les hommes qui l'illustrèrent.

AUTOUR D'UN CENTENAIRE

Le Philosophe chez Pétion

Le centenaire de la mort de Pétion a passé presque inaperçu dans le pays. Aucune manifestation publique ou privée n'eut lieu, pas même une couronne, une fleur ou une parole ne fut déposée ou prononcée sur sa tombe, et la place qui porte son nom et où reposent ses dépouilles ne reçut pas ce jour-là une toilette spéciale qui aurait été une preuve très lointaine de souvenance et de respect. Le « Nouvelliste » et « L'Essor », tout à leur honneur d'ailleurs, adressaient seuls à la mémoire du président quelques mots reconnaissants, et ces voix isolées, perdues dans l'indifférence de la foule, n'ont fait qu'accentuer le côté douloureux de ce centenaire oublié.

Ce qu'il y a de certain, c'est que le 29 mars 1818 fut une date mémorable pour la République. L'homme qui s'était éteint au Palais National ne fut pas uniquement le fondateur des institutions démocratiques que l'on sait et le profond politique resté à l'histoire. Pour comprendre les actes de sa vie publique et apprécier les mobiles qui les ont guidés, il faut connaître son caractère, sa philosophie et ses rêves, c'est-à-dire son existence intime, avec ses désillusions et ses souffrances.

Nous essayerons de pénétrer, si possible, dans la vie privée du président débonnaire.

ALEXANDRE PÉTION.
Président d'Haïti
R.F.

Toute cette étude repose sur des faits qui ont été relatés bien longtemps avant moi par de brillants écrivains sur le compte desquels il serait puéril de ma part de vouloir rien apprendre de nouveau au public. Mon rôle n'a consisté qu'à coordonner les dires de mes distingués devanciers afin de reconstituer la physionomie intime, moins connue peut-être, d'Alexandre Pétion.

*
* *

Anne-Alexandre Pétion était né le lundi 2 avril 1770, rue d'Orléans, actuellement désignée sous le nom plus démocratique de rue de la Révolution (1). C'est là que se trouvait la maison familiale qui fut détruite quelques mois plus tard par un incendie, et le nouveau-né n'était sauvé d'une mort certaine que grâce à la diligence d'une vieille qui l'adorait.

Pétion fut un fruit de vieillesse ; son père, Pascal Sabès, colon originaire de la paroisse bordelaise de Sainte-Croix, vivait doucement de ses rentes, acquises dans un fructueux négoce. Il jouissait ainsi de sa verte maturité en compagnie de la dame Ursule, mulâtresse libre, en attendant que la mort eut bien voulu de sa personne. De ce « plaçage », véritable intérieur colonial, était née une première enfant qui s'appelait Suzanne, d'une grande beauté et très

(1) Les ouvrages consultés sont les suivants : *Pétion et Haïti*, par Saint-Rémy, *Études sur l'histoire d'Haïti*, par Beaubrun Ardouin ; *Les souvenirs historiques de Guy Joseph Bonnet, La Révolution de Saint-Domingue*, par Pamphile de Lacroix, *Les Mémoires de Boisrond-Tonnerre, Les opinions de l'Empereur Napoléon sur les événements de Saint-Domingue.* Mémoire adressé par Dauxion Lavaysse au Président Pétion après les Cent jours.

blanche de peau ; elle faisait la joie de son père, qui l'entourait de tendresse et de soins.

Le ménage Sabès était heureux quand la naissance d'Anne-Alexandre vint jeter la discorde dans le foyer. La couleur bronzée de son fils irritait le vieux colon qui, ignorant les curieux phénomènes du croisement des races, en était advenu à douter de sa paternité. De là, croit-on, le refus par lui de le reconnaître et les mauvais traitements infligés à cet enfant maladif auquel le sort avait réservé une si brillante destinée.

Mis en classe à 6 ans dans une école, place de l'Intendance, de nos jours place de la Cathédrale, dirigée par M. Boisgirard, le jeune écolier en fait d'études, apprenait à faire l'école buissonnière. En 1779, les affranchis étaient en pleine effervescence à Saint-Domingue ; le comte d'Estaing préparait sa légion qui devait jouer un grand rôle à Savanah. Au nombre de 800, noirs et mulâtres s'étaient enrégimentés et Port-au-Prince suivait fièvreusement l'organisation du corps expéditionnaire qui s'en-allait au secours de l'Amérique (1). Le jeune Sabès, très libre pour un enfant de son âge, suivait bien plus les manœuvres des troupes que les conseils de ses parents. Il était donc, à 12 ans, d'une belle ignorance, mais par contre un soldat accompli.

Anne-Alexandre avait tant soit peu abandonné, à ce moment-là, le toit familial et vivait chez les nombreux voisins de la rue d'Orléans. Deux vieux

---

(1) Parmi les troupes embarquées se trouvaient : Rigaud, Beauvais, Lambert, Christophe, Morency-Villate, Bleck, Beauregard, Toureau, Férou, Cangé, Chavannes, Martial-Besse, Léveillé, Mars Belley, etc.

amis de Pascal Sabès l'adoraient entre tous, à cause de « la douceur de son caractère » ; c'étaient les époux Guiole. Le mari était joaillier et le jeune Pétion, oisif, hantait les ateliers du brave homme. Sa femme cajolait cet enfant presque abandonné et l'élevait pour ainsi dire. Elle l'avait surnommé *Pitchoun*, ce qui veut dire en provençal « mon petit » ; les ouvriers en avaient fait Pikion, Pition et enfin Pétion. L'histoire ne le connaîtra désormais que sous ce nom (1). La rupture fut complète entre le père et le fils quand il fallut donner à ce dernier un métier. Pascal Sabès s'obstinait à vouloir faire d'Anne Alexandre un *forgeron*. Celui-ci s'y était formellement refusé, et ce fut en vain que M. Guiole avait tenté un rapprochement entre Pétion et le vieux bordelais. La vie avait séparé pour toujours ces deux êtres qui ne s'étaient pas compris.

Les fréquentations d'enfance de notre héros

(1) Dauxion-Lavaisse confirme presque l'étymologie du nom de Pétion faite par Saint-Rémy. Il écrit : deux heures après, je fus introduit par le comte de Beauveau, chambellan de service (dans le cabinet de l'Empereur). Croyez-vous que la première chose qu'il me demanda fut d'où venait le nom de Pétion?

« Sire, je crois deviner la pensée de Votre Majesté ; peut-être a-t-elle pensé que le Président Pétion s'est donné ce nom par admiration pour le vertueux Péthion, comme quelques enthousiastes et imbéciles qui prirent dans le temps les prénoms de Brissot, Marat, Robespierre, Aristide, Caton, etc. Non, Sire, Pétion n'est rien moins qu'un enthousiaste ; c'est une des têtes les plus fortes et les plus saines qui existent. Il est un fils naturel. Pétion est un nom d'enfance, une contraction de pétition, il n'a point mis de *h* à ce nom, qui est devenu un nom propre. »

L'Empereur. — C'est bien, en dardant à travers mes yeux un regard scrutateur jusqu'au fond de mon âme, tout en prenant sa prise de tabac.

étaient restées les mêmes en grandissant, et les officiers d'artillerie en garnison à Port-au-Prince et dont les casernes se trouvaient non loin de la rue d'Orléans, car il hantait les corps de garde, avaient fait de leur jeune camarade un parfait artilleur (1). Enfin quelques livres de stratégie tombés entre les mains de l'adolescent complétèrent l'instruction technique du futur président qui ne s'adonnera plus toute sa vie qu'à ses penchants, les mathématiques et le dessin.

Pascal Sabès s'étant éteint le 6 décembre 1789, à l'âge de 87 ans, Pétion put reprendre la vie familiale avec sa mère et Suzanne qu'on appelait souvent Sanite, tout en continuant de s'adonner au métier d'orfèvre qu'il avait appris et dont il vécut jusqu'à la Révolution de Saint-Domingue. Sous les exhortations maternelles il pensa même sérieusement à se marier. Ce rêveur s'était amouraché d'une jeune cayenne, Mlle *Catherine Lebon*. Son « razeurisme » le détourna de ce projet. Dégoûté de ce qui se passait autour de lui, il renonçait pour longtemps et volontairement à la femme. Les colons, par leurs mœurs dissolues avaient fait Anne-Alexandre douter de la vertu. Les hommes, pour ce mélancolique, ne seront plus que des êtres mauvais, incapables de sentiments nobles et de belles actions. Les faits n'allaient que trop raffermir chez lui cette croyance ; car le drame sanglant dans toutes ses laideurs allait pendant 14 ans permettre à la nature humaine de donner libre cours à ses mauvais instincts qui font souvent d'elle une créature abjecte et méprisable.

---

(1) Ces casernes faisaient l'angle de l'ancienne Place d'Armes, aujourd'hui Place Pétion, et de la rue du Champ de Mars.

II

La bravoure d'Alexandre Pétion est légendaire parmi nous haïtiens, et son esprit de conciliation ne le cédait en rien à son sang-froid et à sa bonté. Ce philosophe qui possédait presque toutes les qualités de l'esprit et un profond désintéressement avait un charme spécial qui émanait de sa personne. D'une mâle beauté avec sa stature un peu haute et un embonpoint prématuré, il fut un danseur très fin et un chasseur accompli. Habile tireur, bretteur émérite, il resta jusqu'à sa mort un cavalier détestable (1). C'est dans un bal et une partie de chasse que l'Histoire voit pour la première fois les débuts de sa pondération et de sa bravoure.

En 1788, un jeune mulâtre du nom de Labastille rentrait au Port au-Prince après avoir terminé ses études en France. Il revenait au pays natal avec une morgue et une prétention qui rendaient sa fréquentation pénible pour les autres jeunes gens de son âge. Les heurts étaient fréquents entre eux. Un jour Pétion, dans une fête, lui recommanda un peu de politesse dans ses relations. Labastille, froissé de ce conseil désintéressé, provoqua immédiatement Anne-Alexandre en duel. Des témoins furent échangés et

(1) Voici le portrait de Pétion par Bilhaud-Varennes :
Le Président Pétion était le Trajan d'Haïti, sans avoir le malheur d'être prince. Joignant les qualités de l'âme à celles de l'esprit, sage, équitable, bienfaisant, il réparait les pertes, effaçait les désastres, consolait, ranimait, encourageait et rendait heureux tous ceux qui l'entouraient.
Mémoires de Bilhaud-Varennes, tome II, pages 191-192, Paris, 1821, chez Plancher.

l'agresseur, ayant enfin reconnu ses torts, devenait dans la suite un charmant camarade et un ami dévoué. Voici pour sa pondération.

Soldat à 18 ans dans la milice, Pétion et quelques amis chassaient un jour la perdrix à la Saline, quand ils eurent une altercation avec un colon du nom de Nicolas, à propos d'un coup de fusil. Celui-ci dit des sottises à ses adversaires, quand le jeune Sabès, pour toute réponse, le menaça d'une balle de son arme s'il se permettait une seconde fois à leur égard de tenir des paroles injurieuses. Nicolas rentrait courroucé en ville en proférant des menaces : jamais pareille impertinence ne s'était vue chez un affranchi, et Pétion faillit payer de sa vie cet acte de bravoure. En ce temps-là, comme à une époque que je connais, on ne manquait pas impunément de respect à son maître. Voilà pour sa bravoure.

Enfin son premier acte de bonté eut lieu au début de la révolution, à Pernier. Il sauvait, après le combat en le couvrant de son corps, un officier de dragons que les insurgés voulaient sacrifier à leur vengeance. Et désormais, plus la lutte sera sauvage et violente, plus grandes seront les vertus de celui qui fut le génial fondateur de la République.

Entré dans la fournaise révolutionnaire pour la défense des droits de sa classe qu'il savait sciemment méconnus, Pétion, toujours en apparence impassible, s'était constamment trouvé dans le parti du droit. La manifestation des sentiments politiques ne se produisait pas à cette époque sans violence, et Beauvais, en général si paisible, lui aussi, ne s'était guère gêné pour dire à Roume en parlant des colons contre-révolutionnaires :

« Je puis vous répondre que nous n'avons jamais été les dupes des pompons blancs : il nous fallait conquérir nos droits, nous avions besoin d'auxiliaires ; le diable se serait présenté que nous l'aurions enrégimenté ».

Rien ne prouve que cette mesure ne fut pas exécutée plus tard. Les convulsions qui secouaient la colonie étaient affreuses, et le comte d'Ennery aurait vu loin, s'il est vrai qu'il prononçait ces paroles fameuses : « Saint-Domingue est une seconde Sodome ; le feu du ciel la détruira un jour ».

Dans cette période sens dessus dessous, où tout était à l'envers, nous ignorons malheureusement la vie privée que mena notre héros. Pour ce qui nous intéresse, nous ne pourrons fureter dans son intérieur qu'à partir de 1805.

Le futur président était à cette époque général de division, commandant la deuxième division de l'Ouest pour l'empereur Dessalines. Il avait acquis successivement tous ses grades sur les champs de bataille, en luttant pour la liberté et la justice. Il ne restait plus rien en lui du chef d'escadron qui était devenu officier d'administration au ministère de la Marine à Paris, après la débâcle de l'armée du Sud.

En ce temps-là, il s'était embarqué au Cap-Tiburon et avait atterri à Curaçao le 5 fructidor an II (23 août 1800). Après de nombreuses tribulations, il abandonnait cette île et faisait route vers la France le 21 vendémiaire, c'est-à-dire le 13 octobre 1800.

Fait prisonnier par les Anglais dans la Manche, il était conduit à Portsmouth et passait trois mois sur les pontons. Libéré sur parole, il débarquait à

Fécamp et n'arrivait à Paris que le 30 nivôse (20 janvier 1801). Dans une misère affreuse, ayant à peine de quoi se vêtir, car les Anglais avaient confisqué ses bagages, Pétion vécut dans un modeste garni rue du Cloître-Sainte-Opportune. Après de nombreuses démarches, le ministre Forfait lui faisait payer une partie de sa solde, et notre exilé, un peu moins miséreux, put s'adonner, en dehors de ses heures de bureau, à l'étude plus complète des mathématiques appliquées au génie. Le téméraire défenseur de Jacmel ne devait rentrer dans son pays qu'avec l'expédition de Saint-Domingue.

Adjudant général sous Leclerc, il avait dirigé les batteries françaises contre la « Crête à Pierrot » ; puis plus tard, il avait été placé à la tête de la 13ᵉ demi-brigade qui était devenue, au bon vieux temps d'hier, le 11ᵉ régiment « de Ligne » de Port-au-Prince. Ne connaissant qu'à la dernière minute les véritables intentions de la France à l'égard de la colonie, la défection de Pétion au Haut du Cap fut un acte de justice.

Voici ce qu'écrivait de lui 16 ans plus tard Pamphile de Lacroix qui l'avait fréquenté :

« Quant à Pétion, il avait été trop longtemps sous mes ordres pour que je ne le connusse pas à fond ; je prédis alors ses destinées, il les a remplies. Il paraît au reste qu'il est mort à temps pour ne pas décliner. Dégoûté des choses de ce monde, il était tombé dans une apathie absolue, et n'avait plus cette activité d'âme si nécessaire au créateur et au directeur d'un système politique. Voyant qu'il ne pourrait pas avancer le sien au gré de ses désirs philanthropiques, ennuyé d'être fixé sur une terre où la masse qui l'entourait était barbare et ne pouvait le comprendre, il s'est jeté dans le monde imaginaire de Platon, et dans l'aberration de ses facultés, il a pourtant conservé assez de volonté pour se laisser mourir de faim ».

Le portrait, quoique pas complètement exact, ne manque pas moins de beauté. Sa philosophie dans la vie pratique pouvait paraître décevante, mais elle ne restait pas moins la plus complète manifestation d'un cerveau supérieur.

III

Déjà, en 1805, son opinion était faite sur les hommes. Les représailles à outrance inaugurées par Dessalines contre les anciens colons, depuis la guerre de l'Indépendance, s'étaient toujours heurtées à la désapprobation de Pétion. Cette politique terroriste ne fut en grande partie que l'œuvre de deux hommes : Boisrond-Tonnerre et Juste Chanlatte, qui, secrétaires du maître, donnaient libre cours à leur rêve d'extermination. Le premier massacre ordonné par le gouverneur général dans le décret du 22 février 1804 n'a été exécuté que dans les lieux où se transporta celui qui l'avait signé, tant était grande, dans le haut commandement haïtien, la répugnance qu'on éprouvait à obéir à de pareils ordres.

Que des actes de vandalisme furent commis, nul ne saurait les nier ou les excuser ; par contre, on tentera de sauver les victimes ; le Commandant du département de l'Ouest eut une large part dans ces actes d'humanité. Lorsque le tour des femmes et des enfants arriva et qu'il fallut les immoler à la colère de l'Empereur, qui ne fut peut-être toute sa vie qu'un grand justicier, le général Pétion continuera d'exercer inlassablement sa bonté. La délicatesse de ses procédés était extrême. Veut-on d'un exemple? Lors des grandes tueries, ayant sauvé une certaine Mme Campan, personne très belle s'il faut croire la chronique du temps — d'une mort plus que certaine, en la prenant sous son toit, il s'empressait, sitôt le beau temps revenu, de la mettre à l'abri à bord d'un navire en partance pour l'Europe, afin qu'il ne fût pas dit qu'il avait abusé d'une femme sans défense. Ce civilisé avait des gestes que, seuls, les esprits très élevés peuvent concevoir.

*
* *

Pétion avait officiellement pris femme vers 1803. N'aurait-on pas pu dire de lui la méchanceté qu'une dame du temps jadis lançait à la tête d'un des fervents admirateurs de d'Alembert qui comparait celui-ci à un dieu : « lui un dieu », s'était-elle écriée, vexée, « il aurait commencé par se faire homme ».

Il fallait suivre l'exemple de tous et vivre comme ses concitoyens. L'Empereur n'avait-il pas, en dehors de *Claire Heureuse*, sa femme légitime, plus d'une vingtaine de maîtresses à travers le pays? Les grands dignitaires du nouveau régime et le damné secrétaire de Dessalines, qui était une belle intelligence, mais un fort mauvais sujet, n'avaient-ils pas élevé, de concert avec Juste Chanlatte et Mentor, la débauche à la hauteur d'une institution d'État? Ce rêveur, dans son isolement, n'était guère à sa place, et il dut rentrer dans les rangs. Celle qu'il avait choisie n'était autre que la plantureuse Joutte Lachenais, alors dans tout l'épanouissement de sa beauté. Ardouin nous a dit d'elle qu'elle fut « jeune, belle, gracieuse ». Elle avait été lancée quelques années auparavant par le citoyen Laraque, fils d'un ci-devant marquis de Mercœur, « homme de couleur, habitant du Boucassin et commandant de la commune de l'Arcahaie (1) », a dit de lui M. Hibbert, qui fit mourir beaucoup de ses frères pendant la lutte entre Toussaint et Rigaud pour sauver sa peau qui lui

____

(1) Lettres d'une Amoureuse, *Revue de la Ligue.*

fut ravie par les parents de ses victimes dans la réaction qui suivit l'expédition Leclerc en février 1802.

Pétion fut-il le successeur direct du bouillant révolutionnaire? C'est ce qu'on ne saurait affirmer, car les secrets d'alcôves de Joutte Lachenais n'ont jamais transpiré et la postérité ne la retrouve qu'accompagnant deux Chefs d'État. Mais ce qu'il y a de certain, c'est que de cette union lui naquit une fille, Célie Pétion, et une enfant posthume. La venue de Célie au monde allait être un rayon de bonheur dans la vie de ce stoïcien. Le ménage lui-même n'ira pas dans la suite sans heurts et sans froissements.

Les deux caractères en présence étaient trop dissemblables pour s'harmoniser pendant longtemps. Pétion qui était adoré des femmes et qui n'avait pour leur sexe qu'une estime toute relative, jusqu'à son officielle entrée en ménage, n'avait jamais eu d'aventures amoureuses connues dans sa vie, et pareille attitude à cette époque de gloire constituait quasiment un scandale. Un tempérament ardent et sanguin, comme l'était celui de Joutte Lachenais, ne savait que faire d'un contemplatif de ce genre. Plus tard, par contre, elle s'entendra à merveille avec Boyer qui fut sous tous les rapports l'homme qui lui convenait. De toutes les petites misères de la vie quotidienne, le caractère déjà mélancolique du futur président s'était ressenti ; et de là la profonde aversion qu'il manifestera quelque temps avant sa mort pour tout ce qui était humain.

Le commandant du département de l'Ouest habitait à Port-au-Prince, avant son élection à la présidence, sa villa de la rue Américaine, sur l'emplacement de laquelle se trouve bâti de nos jours l'orphelinat de la Madeleine. Il avait pour voisin son chef d'État-major, Bonnet, son vieux camarade de l'Armée du Sud.

Lorsqu'après des événements trop connus pour les relater ici, il devint le Chef de la République le 9 mars 1807, Pétion dut déménager et gagner l'ancienne résidence des gouverneurs qui était devenue entre temps le Palais National. Il amenait avec lui Joutte, Fine Laraque et Célie, élevant la première, devenue sa fille adoptive, comme sa propre enfant. Il lui avait même fait venir de la Jamaïque une institutrice française affn de lui donner une éducation raffinée. Une fois au pouvoir, ne relevant plus de personne, excepté de sa conscience, il va donner libre cours à son génie spécial, fait de laisser-aller et de bonté. Son gouvernement se ressentira sans doute de sa politique débonnaire. Les hommes ne sont-ils pas incorrigibles? Et que faire contre la nature humaine?

Son ancien chef d'État-major sous Dessalines, qui devait devenir dans la suite son Secrétaire d'État, nous a laissé sur le compte de l'homme duquel il a parfois médité, un portrait qui semble être vrai, « Pétion, dit-il, était un de ces philosophes de l'ancienne Grèce, de la secte des stoïciens. D'une probité sans tache, que tout le monde se plaisait à reconnaître, il ne croyait pas à la probité chez les autres. Il considérait comme inhérents à la nature humaine les vices qu'il avait trouvés dans la société coloniale et qui, pourtant, n'avaient été engendrés que par le régime de l'esclavage ; de là lui vint la conviction qu'on ne pouvait en rien changer les mœurs. La femme vertueuse était, d'après lui, un mythe introuvable ; pour cette raison, il ne voulut jamais consentir à se marier. Lorsqu'il fit la connaissance d'une jeune femme dont la beauté, les grâces, l'élégance, la majesté même attiraient son attention, il résolut d'en faire sa compagne ; mais sa première idée fut de lui donner un logement hors de chez lui . »

Bonnet, contrariant ses idées sur l'appartement qu'il voulait lui choisir, le critiquait de son esprit pessimiste et eut grand'peine à le décider à la prendre sous son toit Le modèle est campé en pieds. Toute la philosophie de Pétion se trouve condensée dans cette page vigoureusement écrite. Il n'y a pas à chercher ailleurs les mobiles qui ont guidé tous ses actes, tant dans sa vie publique que privée. Il tentera jusqu'à sa mort, mais uniquement par devoir, de réagir contre les mauvais penchants de ses concitoyens. La désespérance ne sera que plus grande après l'effort et ses paroles seront pleines d'amertume. L'époque dans laquelle il a vécu a largement contribué à la formation douloureuse de son âme. Nous connaissons son milieu, et l'homme, avec ses penchants à la rêverie, ne saurait être autrement qu'il fut.

IV

La présence de Pétion à la présidence pendant une des périodes les plus tourmentées de notre histoire, étant donné son caractère, aurait pu constituer à première vue un paradoxe. En réalité il n'en fut rien. Le profond politique qui dirigeait les destinées du pays avait prévu d'une façon complète le triomphe de ses idées et de ses principes sur la conception brutale du Gouvernement de Christophe. L'unité territoriale et sa future reconstitution étaient pour lui un fait indéniable ; le royaume du Nord et les provinces espagnoles ne pouvaient manquer de se soumettre un jour aux lois de la République. L'avenir devait assurer le triomphe de son organisation politique dans le pays, il l'avait parfaitement compris et le disait à ses contradicteurs. Cependant jamais chef d'État n'arrivait au pouvoir dans des conditions si difficiles. Il fallait faire vivre l'institution démocratique qu'il avait créée et la tâche n'était pas facile (1)

(1) Dauxion-Lavaysse avait conservé d'excellents rapports avec Pétion malgré l'échec de sa mission en 1814. Lorsque le Président d'Haïti apprit, non sans étonnement, les perfides instructions données au général par le comte de Malouet, lors de son départ pour Port-au-Prince, il s'était contenté de faire dire par le Docteur Mirambeau, au représentant de Louis XVIII, afin de le tranquilliser, sur son sort, que « le pavillon de la République protège le droit des gens ; je veux d'ailleurs comme toujours, faisait-il ajouter, donner aux blancs les preuves de la magnanimité de ma race ».

Voici le tableau que faisait Dauxion-Lavaysse à l'Empereur Napoléon de la République de Pétion : « point de titres pom-

La mission du président était ingrate et décevante. Si Pétion avait pressenti les événements de 1820 et de 1822 l'unité territoriale, de son vivant, ne restait pas moins à refaire, et jamais pouvoir ne fut plus morcelé et contesté. La discipline militaire était à rétablir parmi les troupes, et jamais la rébellion ne fut plus complète parmi les hauts gradés de l'armée. L'administration s'était ressentie de la guerre civile, et les fonctionnaires se rappelaient avec complaisance la vieille recommandation impériale :

« Plumez la poule, mais prenez garde qu'elle ne crie ».

Seul, au milieu des désordres provoqués par les circonstances, le désintéressement du chef d'État dans la gestion des deniers publics, rappelait à ses concitoyens que la probité est une vertu pouvant encore exister. Les conspirations de palais se multipliaient au Port-au-Prince. On avait eu successivement les complots de Yayou, Magloire Ambroise, Gérin et Delva, qui avaient jeté la panique dans bien des cœurs. Le Sud avait fait la scission, grâce à la fourberie de Rigaud, la capitale s'était vue assiéger deux fois par Christophe, et le Sénat de la République lui-même organisait ouvertement l'opposition contre Alexandre Pétion en face de la patrie commune avilie et mutilée. Le Président ne pouvait que suivre les événements sans pouvoir les éviter. Que de morts tombés sans profit et que d'actes d'héroïsme accomplis en pure perte ! La bravoure de Lamarre

peux dans la République d'Haïti ; point d'autorité arbitraire. Ce pays est une sorte de république municipale dont le général est le président et le gouverneur, et qu'il administre comme un Jefferson ou un Washington, comme un Landerneau de Suisse, en un mot en guerrier, en sage et en père ».

au Môle valait la ténacité d'un Martial-Besse ou
d'un Paul Romain. Le pays aurait pu bénéficier
de la bonne volonté de tous ses fils ; mais le destin en
avait décidé autrement. Pétion gémissait sur toutes
ces choses et se reconnaissait impuissant à bonifier
les hommes. Les fautes des uns et des autres lui
paraissaient sans importance et ne pourraient en
aucune façon empêcher la réalisation de son rêve-
Autour de lui on gouvernait par la force, tandis que
lui, gagnait les cœurs par la bonté. Lors de la conspiration Yayou, tout Port-au-Prince connaissait les
menées de ce général, et pourtant le Gouvernement
restait dans l'inaction. Les troupes d'elles-mêmes
avaient battu la générale, afin d'aller défendre le
palais de celui qu'elles chérissaient contre tout
attentat possible de la part du commandant de
l'arrondissement de Port-au-Prince. Le colonel Pierre
Aîné, croyant que le Président ignorait les buts de
la conjuration, s'était transporté en hâte au palais
national annoncer à Pétion que le général Yayou
voulait se débarrasser de tous les gens intelligents
du pays. « Eh bien alors, lui répondit ironiquement
le fondateur de la République, vous n'avez rien à
craindre, et le colonel de se retirer tout penaud (1). »

(1) Quelles sont les forces de Monsieur Christophe?
« Garnison huit mille hommes, infanterie, cavalerie, artillerie, etc. »
— Et celles de Pétion?
— « Sire, environ vingt mille hommes de toutes armes ».
Et comme j'entrais dans des détails, l'Empereur m'interrom-
pit encore en disant : « De manière que le républicain est
plus puissant que le monarque ».
« A propos, — c'est toujours l'Empereur qui parle, — est-il
vrai que lorsque vous faisiez au président Pétion et aux autres
l'étalage des honneurs et de la considération dont étaient
comblés ici par le dernier gouvernement les hommes célèbres

Plus tard, quand le général Lys lui réclamera l'ordre d'arrêter Magloire Ambroise à Jacmel, il se contentera de lui répondre :

« Laissez-le aller, comme le papillon il va se brûler à la chandelle », et aucune mesure sérieuse de sûreté ne fut prise

Si les conspirateurs persistaient à vouloir bouleverser la République, ce n'était pas la faute du doux Pétion. Il leur déconseillait de rentrer dans les conspirations, chose toujours dangereuse pour la sûreté de l'État, en leur faisant sentir en outre la peine personnelle qu'il ressentirait en apprenant que ses amis sont en rébellion contre les lois de leur pays !

Le Sénat ayant réclamé impérieusement un jour la révocation de Blanchet Aîné, alors secrétaire d'État, ainsi que celle de Pitre Aîné, administrateur des Finances de Port-au-Prince, pour cause de « djobs », Pétion fut contraint de les relever de leurs fonctions, mais le premier fut fait Secrétaire-général de la présidence et le second rentra dans l'état-major du général Boyer. Le général Lamothe Aigron ayant eu maille à partir avec le Sénat dont il était un

de la révolution, il vous a répondu qu'il lui semblait les voir figurer comme les mulâtres de la France ? »

— Oui, sire, le mot est du président.

— « L'Empereur : et ce n'est pas le mot d'un homme ordinaire ! Il voyait mieux la France du Port-au-Prince qu'on ne la voyait des Tuileries. »

Un jour que Dauxion-Lavisse parlait à Pétion de la bonne foi du gouvernement de Louis XVIII et de la fusion qui s'était produite en France entre les hommes de la révolution, de l'Empire et de l'ancien régime autour des Bourbons, Pétion conclut simplement : « Quant aux hommes de l'empire, ce sont les mulâtres de la Restauration. Comment puis-je traiter avec vous ? Avant trois mois vous verrez Bonaparte entrer en France et les Bourbons s'en aller plus vite qu'ils ne sont venus. »

membre influent, donnait avec fracas sa démission de sénateur. Pétion, dont il était un adversaire déclaré ne le nommait pas moins sous-chef d'État major général sous les ordres de Bazelais, parce que, disait-il, il ne fallait pas laisser un pareil personnage sans fonction. Son ministre Bonnet lui reprochant un jour sa façon de diriger la république. « Allons, lui répondit-il, je ne suis pas fait pour gouverner les hommes ». Les employés publics qui étaient des « maîtres voleurs » pour employer l'expression de Toussaint Louverture, connaissant le caractère du président, portaient souvent leurs doléances à Pétion, tout en protestant contre les réformes entreprises dans l'administration. Ils recevaient invariablement la même réponse du chef vénéré :

« Ce n'est pas moi, c'est le Secrétaire d'État qui le veut ! » Lui conseillait-on de sévir contre les fonctionnaires indélicats, il répétait toujours avec tristesse :

« Tous les hommes sont des voleurs ; voulez-vous donc que je pende tout le monde? »

V

Lors du siège de Port-au-Prince en 1812, un pauvre diable, pris en flagrant délit de fabrication de fausse monnaie, fut amené par devant le Président d'Haïti sous bonne escorte par le commandant Saint-Victor Poil, chef de la Police. Le délinquant était porteur de ses instruments de travail et l'ensemble grotesque qui se dégageait du personnage avait soulevé le rire des soldats qui se tenaient dans la cour de la loge maçonnique « Les Cœurs Unis », se trouvant à la rue Américaine. Elle servait d'habitation au Fondateur de la République, le palais ayant été balayé par l'artillerie lourde de Christophe. Le successeur de Dessalines pris comme juge, ordonna de déposer le coupable en prison pour quelques jours, en disant : « Je suis sûr que tous ceux qui se moquent de lui, fabriquent eux-mêmes de la fausse monnaie : laissez les faire. Soldats, ils en profitent pour acheter les choses de première nécessité ; citoyens, ils paieront les impôts ou supporteront leur part de perte quand nous pourrons régler cela ! » et les faux-monnayeurs de pulluler à travers la Capitale.

Boyer, qui commandait la garde présidentielle et l'arrondissement de Port-au-Prince, apprenant que le Directeur de l'Hôtel de la Monnaie, car nous en avions un à cette époque, se livrait pour son compte à la fabrication de fausses pièces en falsifiant les « d'Haïti », monnaie du temps, s'en vint suggérer à Pétion qu'il devait se saisir de ce personnage indélicat et le livrer à la justice? « Que n'envoyez-vous des pièces à l'Hôtel des monnaies? On fabriquera aussi pour vous » et le général de se retirer profondément indigné.

Lors de sa réélection à la présidence en 1812, un *Te Deum* fut chanté à la Cathédrale pour commémorer le souvenir d'une date si heureuse pour le pays. Pendant la cérémonie religieuse, qui eut lieu en présence d'un public nombreux et de tous les corps constitués de l'État, un ancien constituant de 1806, Nicolas Saget, grimpant sur une chaise en face de Pétion, l'interpellait en lui demandant s'il avait toujours respecté la Constitution et s'il avait réellement fait le bonheur du peuple. Celui-ci se contenta de sourire et l'orateur pérorait encore quand le cortège se rendit au Palais National. Le lendemain, un solliciteur vint réclamer du Chef d'État la place du percepteur des timbres qu'occupait le fin disert de la Cathédrale. « Mais, répondit Pétion, M. Saget n'a pas été déplacé.» «Je le croyais, Président, à cause des injures qu'il vous a faites hier à l'église. Mais il ne m'a fait aucune injure ; il s'est trompé dans les reproches qu'il m'a adressés, et je continuerai à le considérer comme un homme de bien, un bon patriote ; il ne sera pas remplacé » et le solliciteur prit congé, tout mortifié. Cet homme, cependant, ne manquait pas de vigueur quand il le fallait. Le Sénat en sut quelque chose, puisqu'en 1808 il fut de force ajourné après ses fameuses remontrances au Président d'Haïti pour ne plus se reconstituer qu'en 1812.

Nous venons de voir, par quelques-uns de ces mots à l'emporte-pièce et sa verve souvent railleuse, la tournure de son esprit.

Le Président Philosophe avait un autre rêve social auquel il tenait beaucoup, bien qu'il n'ait jamais cru à « la paix sans déclin » après laquelle avait tant soupiré saint Augustin. Il riait volontiers de l'idéal de fraternité universelle que poursuivaient les francs maçons. Sa conception politique de l'État ne fut que la résultante de son caractère et de son génie. Si nous examinons ici, et très légèrement d'ailleurs, deux des idées gouvernementales de Pétion, ce ne sera que pour mieux parachever l'étude de sa vie privée. Tout d'abord sa loi agraire, fruit de ses méditations, et qui fut imposée au Sénat, nous savons comment, a été l'œuvre d'un profond observateur en même temps qu'une mesure de justice. Son effet a été immense dans l'Ouest et dans le Sud, et sa répercussion dans les masses populaires a beaucoup contribué au triomphe définitif des institutions démocratiques dans le pays. Le morcellement et la distribution des terres au peuple, qui avait tant lutté pour la conquête du sol, avaient sauvé la république chancelante d'une fin prématurée.

Une de ses idées les plus obstinées avait été la transformation de l'armée en milice.

Pétion, connaissant la répugnance du soldat haïtien pour les casernes, avait fait démolir celles de Port-au-Prince et les matériaux furent distribués aux officiers de tous grades nouvellement propriétaires des biens du domaine public. Il leur avait donné l'exemple en y puisant des briques pour aider à sa construction de Thor Le Volant. Puisque le soldat était devenu citoyen, il fallait le faire bénéficier de tous les bienfaits de la liberté. Seul, le travail honnête pouvait en faire véritablement un homme. Le président l'avait compris en voulant renvoyer

à leurs champs une grande partie des glorieuses
légions de 1804 afin qu'elles vivent de leur labeur,
convaincu qu'il était, qu'elles se seraient groupées
autour de leur drapeau au moindre appel de leur chef.
Les successeurs de Pétion tentèrent de réaliser sa
pensée sans la comprendre et par routine. C'est
pourquoi jamais l'armée haïtienne, sauf en de rares
exceptions, n'eut l'organisation des troupes euro-
péennes.

Il nous reste à voir pour finir, les rapports qu'eut
notre héros avec la France et Bolivar. Il avait
réclamé avec fermeté la reconnaissance de notre
indépendance. Désormais maîtresse de ses destinées,
la nation ne pouvait que faire accepter son existence
de fait par la Métropole. Mais si nous avions le droit
de traiter avec hauteur la mère-patrie, la justice
voulait que les particuliers fussent indemnisés pour
les pertes immenses qu'ils avaient subies à Saint-
Domingue. Le fondateur de la République ne faisait
qu'agir selon sa conscience quand il offrait au nom
du pays de racheter des colons les biens immobiliers
dont ils avaient été frustrés par la dernière révolution
sociale (1).

(1) Dauxion-Lavisse continue le récit de son entrevue.
« Votre proposition d'accorder une indemnité aux colons
expropriés lui donna une haute idée de la probité, de la modération et de la générosité de votre gouvernement et de vos
compatriotes ». Et à ce sujet il disait : « C'est plus que n'avaient
jamais fait aucun gouvernement et aucun pays dans de pa-
reilles circonstances. »
« Son projet était de reconnaître votre indépendance politique, et il concevait, avec juste raison, que l'article du traité
par lequel votre république aurait accordé une indemnité
aux anciens colons, aurait jeté pendant plusieurs années une
telle quantité de denrées d'Haïti dans le commerce français
(puisque ce paiement se serait fait en denrées) qu'il aurait

Enfin quant à Bolivar après les nombreuses pérégrinations qui jetèrent, lui et ses compagnons, sur les côtes d'Haïti, il était devenu pour ainsi dire le protégé de Pétion.

Le rêve que caressait ce vénézuélien n'était-il pas l'idéal pour lequel il avait lui-même tant lutté? Peut-être se reconnaissait-il dans le futur libérateur? Sa cause n'était-elle pas semblable à la sienne? Il y avait des faibles à secourir et des opprimés à libérer. Le président d'Haïti ne pouvait, sous peine de renoncer à tous les principes supérieurs qui avaient guidé sa vie, ne pas venir à son secours. Il le fit avec sa modestie ordinaire et Pétion eut l'immense satisfaction de voir avant de mourir, les provinces espagnoles se libérant de leurs oppresseurs.

Le successeur légitime de Dessalines avait été un semeur d'héroïsme et de vertu. La nation pendant longtemps vécut de son esprit et de ses traditions. Il s'était éteint sans regret au Palais National le 29 mars 1818 à 4 heures 5 minutes du matin, à l'âge de 48 ans. La mort l'avait fauché presque sans maladie. Il l'accepta avec ce calme réfléchi et cette sérénité de visage qu'on lui connaissait aux heures

établi, durant cette période, un commerce presque exclusif en faveur de la France, et qu'une fois ce commerce rétabli, la communauté de langage, de mœurs, d'habitudes et surtout le mélange du sang français avec votre sang, par la destruction de l'ancien préjugé sous ce rapport, aurait donné pour l'avenir un commerce de préférence à la France, sans qu'il fût nécessaire de le stipuler par un traité. »

Après de nombreuses considérations politiques, Napoléon résumait son enquête sur Haïti par ces mots : « Eh bien ! ils veulent être libres, qu'ils demeurent libres puisqu'ils sont dignes de l'être ! »

« Monsieur Christophe aime à faire le roi, qu'il fasse le roi ! »
Et lui, que faisait-il?

décisives de sa vie. Il hâta même sa fin en refusant de se soigner. Ce rêveur qui conservait toujours les yeux tournés vers l'avenir, aurait-il, dans une vision douloureuse, entrevu les heures actuelles? D'aucuns l'affirment, mais, quoi qu'il en soit, sa république aurait pu vivre puissante et prospère si seulement ses concitoyens l'avaient voulu. Sa mort, pour son peuple, fut une catastrophe et sa dernière manifestation de puissance parmi les hommes, un acte de clémence. Les humbles et les petits le pleurèrent amèrement et les femmes et les enfants portèrent le deuil du héros. Son nom est resté béni, bien qu'il eût des détracteurs, et l'on peut dire de lui, s'il est permis de comparer les petites choses aux grandes, ce qu'on a dit de l'un des plus illustres bienfaiteurs de l'humanité « qu'il traversa la vie en faisant le bien ». La nation lui fit des funérailles imposantes et il dort son dernier sommeil sur la vieille place d'armes qui porte encore son nom.

IL EUT RAISON DE MOURIR...

Oui, il eut raison de mourir de la mort qu'il s'était choisie, son âme et son corps ayant pour ainsi dire convenu de se séparer sans regret. A quarante-huit ans, on est encore jeune en ce monde, mais il y a des hommes exceptionnels qui terminent leur destinée à cet âge : Alexandre Pétion fut de ceux-là.

En 1818, il avait achevé de construire, ou du moins il l'avait cru. Depuis 1807, il était sur la brèche, travaillant sans relâche à une œuvre, son chef-d'œuvre, sa République. « On ne fait rien de grand

en ce monde sans chimère », a dit Renan ; la sienne
fut immense et quand il vit qu'il avait bâti sur du
sable et qu'au lieu d'un monument d'airain, il avait
simplement esquissé une maquette en terre glaise,
il préféra fermer les yeux à tout jamais plutôt que
de maudire des irresponsables. Il ne pouvait, sous
peine de déchoir, renier son passé glorieux et désavouer
les obscurs héros qui étaient tombés sur les champs
de bataille en suivant sa destinée.

Il y a des rêves qui tuent ceux qui les enfantent :
Pétion devait subir cette nécessité. Son effort pourtant avait été colossal. Il avait créé drapeau, administration publique, corps législatif, tribunal de
Cassation, lycée, armée et marine. Il avait morcelé
les grands domaines appartenant à l'État en les
distribuant largement au peuple haïtien. Enfin, il
avait développé de son mieux le goût de la liberté
chez tous et avait guerroyé de toutes ses forces à
l'intérieur, dans le but de permettre à son œuvre de
vivre, et livré bien des assauts à l'extérieur, afin de
faire sortir des géhennes du Nouveau Monde des
hommes libres, comme s'il eut été possible de trans-
former par la force de la pensée d'un homme un
désert brûlant en un champ de blé mur.

On ne porte pas en soi un pareil idéal sans s'affaiblir, quand, surtout le milieu dans lequel on vit évolue
à rebours de vos idées. De méditatif qu'il était, le
Président d'Haïti s'était singulièrement assombri.
Son foyer pour ainsi dire marchait à l'unisson de
l'administration publique, Joute Lachenais ayant
côtoyé dans une vie commune faite de nombreuses
années un génie sans le comprendre et un grand
cœur sans l'apprécier. Elle avait épousé selon la
mode du temps, le fondateur de la République, et

l'on peut dire d'elle qu'elle n'a eu souvent en fait de sentiments que ses nerfs et sa beauté.

La mort d'Alexandre Pétion fut un triomphe. La masse des humbles alors se rendit compte instinctivement, obscurément qu'une force avait disparu avec lui sans avoir jamais compris les rêves qu'il avait échafaudés pour son peuple. Il eut raison de mourir à quarante-huit ans, vous dis-je. Il y a des choses qu'il ne fait pas bon de voir. Ah ! ceux qui ont assisté aux manifestations des 5 et 6 janvier 1924 à Port-au-Prince et qui ont des yeux pour voir et un cœur pour sentir, comprendront comment les peuples, bien plus que les individus, n'ont que les destinées qu'ils méritent.

VILAINS ET GRANDS BARONS

HENRI CHRISTOPHE ET SA COUR

Au Docteur Maurice Ethéart.

Il y avait plus de cinq ans depuis que le combat de Sibert avait eu lieu, et le général Henri Christophe « président et généralissime des forces de terre et de mer de l'État d'Haïti », rêvait d'une vie plus grandiose encore que celle qui lui avait été donnée par le destin. Le sacre du Premier Consul, naguère, poussait Dessalines, à l'empire pour qu'il ne fut pas dit qu'il n'était pas l'égal de Napoléon Bonaparte. L'hôte de « Sans Souci », aristocrate avant tout, ne désirait bien, lui aussi, une couronne qu'à la seule condition qu'elle ne fut que royale.

La vieille France fut son modèle : celle de Louis XI et de François Ier, et, chose étrange, on aurait dit que cet homme qui sentait la nécessité d'un trône pour sa grandeur, ne pensait qu'à créer duchés, principautés et provinces, au moment où il n'y avait plus ni serfs, ni esclaves à Saint-Domingue ! Sa monarchie, il allait la fonder d'une seule pièce, comme il avait érigé la citadelle « La Ferrière ».

Sa féodalité appartiendrait à lui seul et serait son bien propre. Et n'était-ce pas justice, puisqu'elle ne devait sortir que de son imagination ultra-sensible, créatrice souvent de grandes choses et de fantômes.

Cette innovation gouvernementale dans le nouveau monde, au moment où l'humanité d'alors n'aspirait qu'à la liberté, ne devait durer que ce que durerait Henri Christophe lui-même, et c'est ce qui arriva. Cet homme aux conceptions souvent fastueuses, s'était laissé griser par la magie des mots : La puissance souveraine, il l'avait déjà ; le Nord et l'Artibonite étaient ses domaines et l'attirail royal ne devait en rien augmenter son pouvoir.

De son omnipotence, deux choses sont restées à la légende : le souvenir étrange de sa cour et l'effroi de sa cruauté surhumaine. Son nouveau gouvernement va respirer la puissance et la force, mais si l'on examine de plus près l'édifice qui allait plus tard s'écrouler comme un château de cartes, on verra qu'il devait disparaître comme il avait été créé, c'est-à-dire par la force, car l'homme d'État, quel qu'il soit, n'improvise pas une nation ou un système politique durable basé sur la tyrannie. Son royaume eut l'éclat des choses qui ne durent pas, comme si son étoile n'avait été qu'un météore. C'était là sa destinée et il ne le comprit pas. Le souvenir populaire dans ses états aura fait de lui un mythe.

Ce n'est pas une raison, parce que Christophe qui avait si glorieusement lutté pour la liberté, l'ait gardée pour lui tout seul, qu'il doive être honni et méprisé. Il fut un grand chef militaire et un administrateur habile ; on doit lui tenir compte de ceci. Je n'ai pas l'intention d'écrire ici l'histoire de son gouvernement avec ses faiblesses et ses crimes, faute de documents et surtout n'étant pas historien : pareille hardiesse m'est interdite. Cependant, l'organisation matérielle de sa royauté est intéressante à connaître. C'est là que le caractère de l'ancien

« président et généralissime » se voit à nu. Dans l'Ouest, et spécialement dans le Sud, Henri Christophe est peu connu, l'extrême limite de ses États s'arrêtant à Mont-Rouis, les républicains n'eurent pas l'honneur d'être ses sujets. La guerre civile avait bel et bien scindé le pays en deux parties distinctes ; de là, la haine profonde que se vouaient « sans culottes » et monarchistes, et le mépris professé par les uns pour les autres.

Il a fallu d'un heureux hasard pour mettre en mes mains un petit volume très rare intitulé « Relation des glorieux événements qui ont porté leurs Majestés royales sur le trône d'Haïti, suivie de l'histoire du couronnement et du sacre du roi Henri Ier et de la reine Marie-Louise, par le comte de Limonade, secrétaire du Roi au Cap-Henry, chez P. Roux, imprimeur du roi, 1811, l'an 8e (1) » pour me permettre de trouver non seulement les récits des fêtes du couronnement, mais encore la constitution royale de 1811 (2) et les principaux édits et ordonnances complétant la nouvelle charge octroyée. L'ouvrage est en outre dédié au prince royal Victor Henry. Sans s'arrêter aux raisonnements de ce nouveau Fénelon, qui tentait d'instruire un nouveau dauphin, il ne reste pas moins certain que ses comptes rendus souvent fastidieux ont parfois quelque chose de savoureux et de piquant. Il serait trop long d'examiner ici, dans son ensemble, le style alambiqué et grotesque du comte de Limonade. Ce grand seigneur a des platitudes et des bassesses qui font sourire.

(1) Le volume m'a été communiqué par un de mes amis, M. Normil Sylvain, auquel j'adresse ici mes remerciements pour l'avoir laissé longtemps entre mes mains.

(2) Elle se trouve dans les Constitutions d'Haïti, de J. Janvier, page 91, chapitre V.

C'est le 6 avril 1811 qu'eut lieu la promulgation de la Constitution. Elle mérite d'être connue en entier, car incontestablement elle est le plus incroyable des anachronismes historiques.

Ses 35 articles font faire aux deux provinces qui vont la subir un saut épouvantable en arrière. Les nouveaux libres de 1804 allaient redevenir, par le caprice d'un homme, des esclaves ou des vassaux de moyen-âge. Elle se divisait en huit titres ou chapitres. Le premier traitait de la « Première autorité », c'est-à-dire de l'organisation de la royauté, le second, de la famille royale, le troisième, de la Régence, le quatrième du grand Conseil et du Conseil-privé, le cinquième des grands officiers du Royaume, le sixième, des Ministres, le septième des serments et le huitième, de la Promulgation (1). Avec un pareil instrument entre ses mains, Christophe de très bonne foi, finira par se croire Roi.

Non seulement d'un trait de plume, il s'était adjugé une couronne, mais il en était arrivé à désirer, pour rester logique avec lui-même, que tous ceux qui seraient de son entourage direct fussent de bons gentilshommes et des serviteurs dévoués. C'est pourquoi, pendant les mois d'avril et de mai, les édits succéderont aux ordonnances et vice versa, afin que duchés, principautés, baronnies et maisons militaires, reçussent de son bon vouloir, une organisation qu'il pensait devoir être éternelle. Enfin, pour achever de compléter sa cour, n'aurait-il pas des services à récompenser et des ambitions à satisfaire? A défaut de la croix de Saint Louis, il créa l'ordre

(1) Voir la constitution royale, les édits et ordonnances publics en Appendice.

royal et militaire de Saint Henry. L'édifice désormais était construit.

En apparence, son gouvernement sera très imposant et prospère. L'histoire, volontiers, se serait amusée des facéties d'Henry Christophe, si toute frissonnante elle ne s'était heurtée aux grandes tueries de 1812, qu'il ordonna. Bien que son manteau de pourpre ait pâli, on y voit encore distinctement, sortant en relief, de larges taches de sang.

Quiconque voudra écrire d'une façon complète l'histoire de la royauté de Christophe et étudier le tempérament de l'homme, devra avoir recours, je crois, à la médecine mentale. La citadelle « Laferrière » est certainement l'œuvre d'un homme atteint de la folie des grandeurs, et le palais de « Sans-Souci » dépend peut-être du même ordre d'idée. Tandis qu'il faisait pousser de terre forteresses et résidences royales et que les carrosses des « altesses sérénissimes » roulaient sur des routes de velours, un observateur avisé, constatant la réalité des faits, n'aurait pas pu s'empêcher de murmurer, non sans mélancolie, la célèbre formule de Fouquier-Tinville : « Les têtes tombent comme des ardoises ».

La noblesse aura des fiefs qui seront les grandes habitations du Nord et de l'Artibonite. Tout d'abord, la clef de voûte du nouveau régime fut : « L'Édit du Roi du 5 avril 1811, qui crée une noblesse héréditaire dans le royaume d'Haïti, avec des titres et des apanages pour récompense des services rendus à l'État ». Dans ce document, Christophe dit par quel moyen et comment il entend organiser ses « grands barons ».

Au sommet de la hiérarchie aristocratique, si l'on peut s'exprimer ainsi, se trouveraient les ducs

et les princes qui avaient été choisis parmi les « lieutenants généraux » des armées du roi et les « vice-
amiraux » de ses escadres (1). Partant du principe
que ceux qui dirigent la puissance militaire ou navale
doivent être les seuls soutiens de son royaume, le
général Henri Christophe n'aura pas de peine à
confectionner des comtes, des barons et des chevaliers, selon l'importance des grades militaires. Pour
ce qui s'agit de la possession effective des fiefs,
l'article 6 de l'Édit tranche la question de la propriété
du sol d'une façon péremptoire, quand il dit que
« les domaines dont la jouissance a été accordée aux
lieutenants généraux et maréchaux de camp par la
loi du 1er mars 1807, ou ceux par nous concédés aux
dignitaires depuis notre avènement au trône, leur
seront accordés à titre de propriété héréditaire, pour
eux et leurs descendants, jusqu'à extinction de leur
race ».

Les ordonnances et les édits, une fois que la
machine politique fut mise en branle, se succèdent
avec une incroyable rapidité. C'étaient ceux du
7 avril qui érige un siège archi-épiscopal dans la
capitale d'Hayti et des Sièges Épiscopaux dans
diverses villes du Royaume »; du 8 avril « portant
création des Princes, Ducs, Comtes, Barons et Chevaliers du Royaume »; du 12 avril « qui détermine
le grand costume de la Noblesse »; du 20 avril « portant création de l'Ordre royal et militaire de Saint-
Henry; celui du 6 mai « sur l'établissement de la
Maison Militaire de Sa Majesté »; enfin l'ordonnance
du 15 mai 1811 « concernant la prestation de serment
des grands dignitaires, officiers civils et militaires
du Royaume ». Tout compte fait, rien n'avait changé

(1) Art. 2 de l'Édit du 5 avril 1811.

pour le Nord et l'Artibonite depuis le combat de Sibert et depuis surtout que Christophe avait refusé la Constitution républicaine, si ce n'est que les généraux se faisaient appeler « Monseigneur » et Henri Christophe « Sire ».

Cependant par ce remue-ménage politique se consacrait quelque chose qui marquait l'anéantissement de l'œuvre qui avait abouti au 1er janvier 1804 Les cultivateurs des départements asservis qui, dans un effort admirable, 7 ans auparavant, avaient troqué leur chaîne d'esclaves contre la liberté, étaient devenus taillables et corvéables à merci sous la haute direction des commandeurs comme au beau temps de M. de Larnage ou du comte d'Estaing. Si, en changeant d'état, après la conquête du sol qu'ils avaient acheté au prix de lourds sacrifices, ils devaient conserver encore des maîtres : il n'avait point été nécessaire de supprimer les colons. Les braves paysans, très vite s'en aperçurent sans doute ; mais avec ce fatalisme inhérent à la race, ils acceptèrent sans murmure ce qu'ils n'avaient pu empêcher. Il faudra l'insurrection d'un officier fatigué d'être avili et la mort du roi pour mettre fin à ce nouvel esclavage.

L'heure de la justice ne sonna que 9 ans plus tard. A la République vengeresse des torts passés, devait revenir l'honneur de mettre tous ces aristocrates de contrebande à « la lanterne ». Ce sera alors, non pas le triomphe de l'Ouest et du Sud sur le Nord et l'Artibonite, mais la victoire du droit sur la violence, des humbles sur les omnipotents et de la bonté sur l'arbitraire et le despotisme. Et l'on peut dire sans crainte de se tromper, que le 6 octobre 1820 fut une date heureuse pour la Nation.

CONSTITUTION ROYALE DE 1811 [1]

TITRE PREMIER

De la première Autorité

ARTICLE 1ᵉʳ. — Le Président Henry Christophe est déclaré Roi d'Hayti sous le nom d'Henry.

Ce titre, ses prérogatives et immunités, seront héréditaires dans sa famille, dans les descendants mâles et légitimes en ligne directe par droit d'aînesse, à l'exclusion des femmes.

2. — Tous les actes du royaume seront au nom du Roi promulgués et publiés sous le sceau royal.

3. — A défaut d'enfants mâles en ligne directe, l'hérédité passera dans la famille du prince le plus proche parent du Roi, ou le plus ancien en dignité.

4. — Cependant il sera loisible au Roi d'adopter les enfants de tel prince du royaume qu'il jugera à propos, à défaut d'héritier.

5. — S'il lui survient, après l'adoption, des enfants mâles, leurs droits d'hérédité prévaudront sur les enfants adoptifs.

6. — Au décès du roi et jusqu'à ce que son successeur

(1) Afin de permettre au lecteur de bien comprendre l'article qui précède, nous publions à titre documentaire la Constitution Royale de 1811 ; Les Édits qui créent la noblesse héréditaire dans le Royaume d'Hayti ; la distribution des titres : Princes, ducs, Comtes, Barons et Chevaliers du Royaume et Création de l'ordre Royal et militaire de Saint-Henry.

soit reconnu, les affaires du royaume seront gouvernées par les ministres et le conseil du roi, qui se formeront en conseil général et qui délibéreront à la majorité des voix. Le Secrétaire d'État tient le registre des délibérations.

TITRE II

De la Famille royale

7. — L'épouse du roi est déclarée Reine d'Hayti.

8. — Les Membres de la famille royale porteront le titre de Princes et Princesses. On les qualifie d'Altesses Royales.

L'héritier présomptif est dénommé Prince Royal.

9. — Ces princes sont membres du Conseil d'État, sitôt qu'ils ont atteint leur majorité.

10. — Les princes et princesses royales ne peuvent se marier sans l'autorisation du roi.

11. — Le roi fait lui-même l'organisation de son Palais d'une manière conforme à la dignité de la Couronne.

12. — Il sera établi, d'après les ordres du roi, des palais et châteaux dans les lieux du royaume qu'il jugera à propos de désigner.

TITRE III

De la Régence

13. — Le roi est mineur jusqu'à l'âge de quinze ans accomplis ; pendant sa minorité, il sera nommé un régent au royaume.

14. — Le régent sera âgé au moins de vingt-cinq ans accomplis et sera choisi parmi les princes les plus proches parents du roi (à l'exclusion des femmes) et à leur défaut, parmi les grands dignitaires du royaume.

15. — A défaut de désignation de régent de la part du roi, le grand conseil en désignera un de la manière qui est prescrite dans l'article précédent.

16. — Le régent exerce, jusqu'à la majorité du roi, toutes les attributions de la dignité royale.

17. — Le régent ne peut conclure aucun traité de paix, d'alliance ou de commerce, ni faire aucune déclaration de guerre, qu'après mûre délibération et de l'avis du grand conseil ; l'opinion sera émise à la majorité des voix, et en cas d'égalité de suffrages, celle qui se trouvera conforme à l'avis du régent emportera la balance.

18. — Le régent ne peut nommer ni aux grandes dignités du royaume ni aux places d'officiers généraux de l'armée de terre et de mer.

19. — Tous les actes de la régence sont au nom du roi mineur.

20. — La garde du roi mineur est confiée à sa mère et, à son défaut, au prince désigné par le roi défunt.

Ne peuvent être élus pour la garde du roi mineur, ni le régent et ses descendants.

TITRE IV

Du Grand-Conseil et du Conseil privé

21. — Le Grand-Conseil est composé des princes du sang, des princes, ducs et comtes nommés, et au choix de Sa Majesté, qui en fixe lui-même le nombre.

22. — Le Conseil est présidé par le roi, et lorsqu'il ne le préside pas lui-même, il désigne un des grands du royaume pour remplir cette fonction.

23. — Le Conseil privé est choisi par le Roi parmi les grands dignitaires du royaume.

TITRE V

Des grands Officiers du Royaume

24. — Les grands officiers du Royaume sont les grands maréchaux d'Hayti. Ils sont choisis parmi les généraux de tous les grades, selon leur mérite.

25. — Leur nombre n'est point fixé : le roi détermine à chaque promotion.

26. — Les places des grands officiers du royaume sont inamovibles.

27. — Lorsque par un ordre du roi, ou pour cause d'invalidité, un des grands officiers du royaume viendra à cesser ses fonctions, il conservera ses titres, son rang et la moitié de son traitement.

TITRE VI

Des Ministres

28. — Il y aura dans le Royaume quatre Ministres, au choix et à la nomination du roi :
Le Ministre de la Guerre et de la Marine ;
Le Ministre des Finances et de l'Intérieur ;
Le Ministre des Affaires Étrangères ;
Et celui de la Justice.

29. — Les Ministres sont membres du Conseil et ont voix délibérative.

30. — Les Ministres rendent compte directement à Sa Majesté et prennent ses ordres.

TITRE VII

Des Serments

31. — A son avènement ou à sa majorité, le roi prête serment sur l'Evangile en présence des grandes autorités du royaume.

32. — Le régent, avant de commencer l'exercice de ses fonctions, prête aussi serment, accompagné des mêmes autorités.

33. — Les titulaires des grandes charges, les grands Officiers, les Ministres et le Secrétaire d'État prêtent aussi serment de fidélité entre les mains du roi.

TITRE VIII et dernier

De la Promulgation

34. — La promulgation de tous les actes du royaume est ainsi conçue :

N. par la grâce de Dieu et la Loi constitutionnelle de l'État,

Roi d'Hayti, à tous présents et à venir, Salut :

Mandons et ordonnons que les présentes revêtues de notre sceau, soient adressées à toutes les cours, tribunaux et autorités administratives, pour qu'ils les transcrivent dans leurs registres, les observent et les fassent observer dans tout le royaume, et le Ministre de la Justice est chargé de la promulgation.

35. — Les expéditions exécutoires des jugements des cours de justice et des tribunaux sont rédigées ainsi qu'il suit :

N. Par la grâce de Dieu et la loi constitutionnelle de l'État,

Roi d'Haïti, à tous présents et à venir, Salut.

Suit la copie de l'arrêt ou jugement.

Mandons et ordonnons à tous huissiers sur ce requis, de mettre ledit jugement à exécution, à nos procureurs près les tribunaux d'y tenir la main ; à tous commandants et officiers de la force publique de prêter mainforte lorsqu'ils en seront légalement requis.

En foi de quoi, le présent jugement a été signé par le Président de la Cour et le greffier.

Fait par le Conseil d'État d'Haïti.

Au Cap Henry, le 28 mars 1811, an VIII de l'Indépendance.

Signé :

Paul Romain, doyen ; André Vernet, Toussaint Brave, Jean-Philippe Daux, Martial Besse, Jean-Pierre Richard, Jean Fleury, Jean-Baptiste, juge, Étienne Magny, Secrétaire.

Nous, préfet apostolique et officiers généraux de terre et de mer, administrateurs des finances et officiers de justice, soussignés, tant en notre nom personnel qu'en celui de l'armée et du peuple, dont nous sommes ici les organes, nous joignons de cœur et d'esprit au Conseil d'État, pour la proclamation de Sa Majesté, Henry Christophe, Roi d'Haïti, notre vœu et celui du peuple et de l'armée étant tel depuis longtemps.

C. Brelle, préfet apostolique ; N. Joachim, Rouanez, lieutenans généraux ; Pierre Toussaint, Raphaël, Louis Achille, Charlot Charles, Cottereau, Jasmin, Prévost, Dupont, Charles Pierre, Guerrier, Simon, Placide Lebrun, maréchaux de camp ; Bastien Jean-Baptiste, Pierre Saint-Jean contre-amiraux, Almanjor fils, Henry Proix, chevalier, Papalier, Raimond, Sicard, Ferrier, Dossou, Caze, brigadiers des armées ; Bastien Fabien, Cadet Antoine, Bernadine Sprew, chefs de division de la marine ; Stanislas Latortue, Joseph Latortue, intendans ; Delon, contrôleur ; Jean-Baptiste Petit, trésorier ; P.-A. Charrier, directeur des domaines ; L. Raphaël, directeur des douanes ; Boyer, garde-magasin central ; Juste Hugonin, commissaire général du gouvernement près les tribunaux ; Isaac, juge de paix ; Lagroue ; Chanlatte, notaires ; Dupuy, interprète du Gouvernement.

Le 6 avril fut le jour choisi pour la publication de la Constitution. Le Conseil d'État en grande tenue, le Commissaire général du gouvernement portant l'original de la Loi Constitutionnelle, le gouverneur de la

Capitale, les officiers de l'État-Major et ceux des régimens en garnison dans la Capitale, les officiers d'administration, les membres des tribunaux, les défenseurs, principaux négocians haytiens, comme étrangers et une foule de citoyens respectables de tous les états et de toute condition, tous mêlés et confondus, animés par la gaieté la plus vive qui se peignait dans leurs regards, se sont transportés, au son d'une musique guerrière, dans toutes les places et carrefours.

ÉDIT DU ROI

Qui crée une noblesse héréditaire dans le Royaume d'Haïti, avec des Titres et des Apanages, pour récompense des Services rendus à l'État

Henry, par la grâce de Dieu et la Loi constitutionnelle de l'État, roi d'Hayti, à tous présens et à venir, Salut :

Les services rendus à l'État par les généraux et les autres officiers de nos armées de terre et de mer, de même que la fidélité et le zèle qu'ont mis certains administrateurs de nos finances dans l'exercice de leurs fonctions, sollicitent de notre justice des distinctions et des récompenses qui puissent leur assurer la considération publique, transmettre à leurs descendans les marques des services rendus par leurs pères, et exciter parmi eux de justes sujets d'émulation ; nous avons résolu de créer une noblesse héréditaire dans notre royaume, sous la désignation et les titres qui suivent :

Art. 1er. — Les dénominations sous lesquelles ceux de nos fidèles sujets à qui nous délivrerons des lettres patentes de noblesse, seront connues sous celles de Princes, Ducs, Comtes, Barons et Chevaliers.

2. — Les princes et les ducs seront choisis parmi les lieutenants-généraux de nos armées et vice-amiraux de nos escadres ; les comtes parmi les maréchaux de camp et contre-amiraux ; les barons, parmi les brigadiers de nos armées, colonels de nos régiments et capitaines de nos vaisseaux ; et finalement les chevaliers parmi les lieutenants-colonels de nos régiments et les capitaines de nos frégates.

Pour les fonctionnaires civils, à qui notre intention est d'accorder des lettres patentes de noblesse, nous suivrons l'assimilation de leurs grades à ceux des officiers de nos troupes de terre et de mer pour les dignités auxquelles nous les élèverons.

3. — Nous ordonnerons incessamment l'expédition des lettres patentes et titres de noblesse aux titulaires que nous choisirons parmi les officiers dont il est ci-dessus fait mention, lesquelles seront signées de nous et délivrées par notre secrétaire d'État, après avoir été scellées de nos sceaux et enregistrées au greffe de nos conseils.

4. — La principale terre parmi celles données aux officiers généraux pour leurs appartements, sera érigée en fief, savoir : en principautés pour les princes, en duchés pour les ducs et en comtés pour les comtes. Nous ferons incessamment connaître aux titulaires qui seront nommés, les titres qu'ils devront porter et les armoiries qui les distingueront.

5. — Voulons que les lettres patentes et titres de noblesse que nous conférerons, soient héréditaires dans les familles auxquelles nous les aurons délivrés, et que les titres et dignités soient reversibles aux seuls enfants mâles et légitimes en ligne directe, selon l'ordre de la succession.

6. — Les domaines dont la jouissance a été accordée aux lieutenants-généraux et maréchaux de camp, par la loi du 1er mars 1807, ou ceux par nous concédés aux dignitaires depuis notre avènement au trône, leur

seront accordés à titre de propriété héréditaire pour eux et leurs descendans légitimes jusqu'à extinction de leur race.

7. — Il sera aussi concédé des propriétés semblables aux princes, ducs et comtes qui ne seront pas pourvus d'habitations au moment de leur nomination, selon le grade de l'emploi qu'ils rempliront, indépendamment de leur titre de noblesse.

8. — Les lettres patentes de la fondation des fiefs et de la dotation des autres biens affectés aux grands dignitaires et à la noblesse, leur seront délivrées à mesure que nous en aurons fait la désignation.

9. — Les fiefs et autres domaines généralement concédés, comme les propriétés particulières, sont sujets à l'imposition territoriale du quart ;

10. — Les fiefs, domaines et terres en dépendant, sur lesquels seront établis les titres des dignitaires, sont inaliénables. Les fonds ni les revenus ne peuvent en être saisis pour quelque cause que ce soit et doivent être l'apanage des enfants mâles et légitimes, par droit d'aînesse et de succession, jusqu'à l'extinction des mâles dans la famille.

II. — Voulons que les biens autres que les fiefs mentionnés en l'article précédent, et par nous déjà accordés ou déjà concédés à titre de propriétés aux dignitaires de notre royaume, rentrent dans la classe de leurs autres possessions, et qu'il leur soit libre de les vendre, aliéner, concéder à qui bon leur semblera, ainsi qu'ils le jugeront à propos, sans crainte d'aucune revendication de notre part, ni d'aucuns de nos successeurs.

12. — Nous déclarons formellement que nous n'entendons exclure qui que ce soit de l'admission dans l'ordre de la noblesse, chaque fois que d'importans services nous seront rendus, soit dans la carrière civile ou militaire, par ceux de nos sujets qui se dévouent à notre personne et à la défense de notre royaume ;

que les vertus, les talens sont les seules distinctions qui valideront à nos yeux et à ceux de nos successeurs.

Mandons et ordonnons que les présentes, revêtues de notre sceau soient adressées à toutes les cours, tribunaux et autorités administratives pour qu'ils les transcrivent dans leurs registres, les observent et les fassent observer dans tout le royaume, et le Ministre de la Justice est chargé de leur promulgation.

Donné en notre Palais du Cap-Henry, le 5 avril 1811, l'an huit de l'Indépendance, et notre règne le 1er.

Signé : HENRY.

Par le roi
Le Ministre Secrétaire d'État,
Duc DE MORIN.

ÉDIT DU ROI

portant création des Princes, Ducs, Comtes, Barons et Chevaliers du Royaume.

Henry, par la grâce de Dieu et la Loi constitutionnelle de l'État, Roi d'Hayti, à tous présens et à venir, Salut :

Par suite de notre Édit du 5 avril, qui crée une noblesse héréditaire, nous avons déféré les titres et dignités suivans aux officiers ci-après :

PRINCES

Le Prince Noël, colonel des gardes haytiennes, grand échanson ;

Le Prince Jean, grand panetier ;

Le lieutenant général André Vernet, Prince des Gonaïves, grand maréchal d'Haïti, Ministre des Finances et de l'Intérieur.

Le lieutenant général Paul Romain, prince du

Limbé, grand Maréchal d'Hayti, ministre de la Guerre et de la Marine.

DUCS

Le Préfet apostolique Corneille Brelle, Archevêque d'Hayti, duc de l'Anse, grand aumônier du Roi.

Le lieutenant général Rouanez, duc de Morin, grand maréchal d'Hayti, Ministre d'État et des Affaires Étrangères.

Le lieutenant général Toussaint Brave, duc de la Grande Rivière, grand maréchal d'Hayti, grand Veneur, inspecteur général aux revues des armées du Roi ;

Le lieutenant général Noel Joachim, duc de Fort-Royal, grand Maréchal d'Hayti et grand Maréchal du Palais, commandant la première division du Nord.

Le lieutenant général Étienne Magny, duc de Plaisance, grand Maréchal d'Hayti, grand chambellan du Roi, commandant la deuxième division du Nord.

Le lieutenant général Jean-Philippe Daux, duc de l'Artibonite, grand Maréchal d'Hayti, commandant la Province de l'Ouest.

Le général Bernadine Sprew, duc du Port Margot, grand amiral d'Hayti, gouverneur du Prince Royal.

COMTES

Le Conseiller d'État Juge, comte de Terre-Neuve, ministre de la Justice.

Le maréchal de camp Martial Besse, comte de Sainte-Suzanne, commandant le premier arrondissement de la première division du Nord.

Le maréchal de camp Pierre Toussaint, comte de Marmelade.

Le maréchal de camp Jean-Pierre Richard, comte de la bande du Nord, gouverneur de la Capitale ;

Le général Jean-Baptiste Perrier, dit Goman, comte de Jérémie, commandant la province du Sud.

Le maréchal de camp Louis Achille, comte de

Laxavon, commandant le 2e arrondissement de la première division du Nord.

Le maréchal de camp Joseph Raphaël, comte d'Ennery, commandant le deuxième arrondissement de la Province de l'Ouest.

Le maréchal de camp Charles Charlot, comte de l'Acul, commandant le premier arrondissement de la deuxième division du Nord ;

Le maréchal de camp Pierre Cottereau, comte de Cahos, gouverneur de Dessalines ;

Le maréchal de camp Maximin Jassemain, comte du Dondon, gouverneur de la citadelle Henry.

Le maréchal de camp Julien Prévost, comte de Limonade, secrétaire du Roi.

Le maréchal de camp Toussaint Dupont, comte du Trou, inspecteur général des cultures du royaume.

Le maréchal de camp Charles Pierre, comte du Terrier Rouge, gouverneur des pages du roi, aide de camp de Sa Majesté.

Le maréchal de camp Guerrier, comte de Mirebalais, aide de camp de Sa Majesté, commandant le 1er arrondissement de l'Ouest.

Le maréchal de camp Simon, comte de Saint-Louis, aide de camp de Sa Majesté et maître des cérémonies.

Le maréchal de camp Placide Lebrun, comte de Gros-Morne, aide de camp de Sa Majesté, commandant le deuxième arrondissement de la deuxième division du Nord.

Le contre-amiral Bastien Jean-Baptiste, comte de Léogâne.

Le contre-amiral Pierre Saint-Jean, comte de la presqu'Ile.

M. Bernard Juste Hugonin, comte de Richeplaine, gouverneur du château des Délices de la Reine, procureur général de Sa Majesté.

M. Juste Chanlatte, comte du Rosier, chevalier d'honneur de la Reine, intendant général de la maison du Roi.

Le lieutenant-colonel Yacinthe, comte du Borgne, gouverneur des pages de la Reine.

Le lieutenant-colonel Toussaint, comte d'Ouanaminthe, premier écuyer du Roi.

Ont été nommés barons, MM. les officiers ci-après, savoir :

Papalier, employé près le ministre de la Guerre.

Raymond, employé près le duc de Fort-Royal.

Dessalines, adjudant d'armes de la place du Cap-Henry.

Sicard, grand-maître des cérémonies.

Dossou, commandant le 14e régiment d'infanterie.

Ferrier, aide de camp de Sa Majesté.

Caze Jeune.

Louis Pierrault, commandant le 1er régiment d'infanterie.

Chefs de Divisions de la Marine :

Bastien Fabien et Cadet Antoine.

Colonels :

Pierre Poux, Célestin Cap, Jean-Charles Charles, Théodore, Galbois, Bottex, Léo, aides de camp de Sa Majesté.

Mompoint, grand écuyer du roi.

Joseph Jérôme, commandant le 20e régiment d'infanterie.

Barthélémy Choisy, commandant le 8e régiment d'infanterie ;

Bazile Saillant, employé dans le Sud avec le comte de Jérémie.

Faraud, directeur du génie.

Ambroise, directeur d'artillerie ; Deville, commandant le 2e régiment d'artillerie ; Pescay, commandant le 2e régiment d'Infanterie.

Lagroue, secrétaire et notaire du Roi.

Dupuy, secrétaire interprète du Roi.

Le Juge de Paix Isaac, sénéchal du Cap Henry.

Béliard, directeur et intendant des jardins et des eaux et forêts des palais du roi.

Stanislas Latortue, intendant des Finances de la province du Nord.

Joseph Latortue, intendant des finances de la province de l'Ouest.

Charrier, directeur des domaines de la province du Nord, secrétaire des commandements de la reine.

L'Éveillé, lieutenant colonel du 1er escadron de la garde à cheval du roi, premier écuyer de la Reine.

Jean-Baptiste Petit, Trésorier Central.

Sévelinge, bibliothécaire du roi.

Dominique Bazin, précepteur du prince royal.

CHEVALIERS

Lacroix, colonel du génie.

Blaise, Cincinnatus Leconte, Célestin Pétigny, Bocher, Jean-Baptiste Désorme, lieutenants-colonels et aides de camp de Sa. Majesté ;

Prézeau, Secrétaire du roi ;

Giles Créon, lieutenant colonel du 3e escadron de la garde à cheval du roi ;

Jean-Baptiste Lagarde, employé dans le Sud. avec le Comte de Jérémie, Léveillé idem.

Dupin, sous-précepteur du prince royal ;

Baubert, Juge au Tribunal civil ;

Boyer, garde-magasin central.

Mandons et ordonnons que les présentes, revêtues de notre sceau, soient adressées à toutes les cours, tribunaux et autorités administratives, pour qu'ils les transcrivent dans leurs registres, les observent et les fassent observer dans tout le royaume ; et le Ministre de la Justice est chargé de la promulgation.

Donné en notre Palais du Cap-Henry, le 8 avril 1811, l'an huit de l'indépendance.

Signé : HENRY.

Par le roi.

Le Ministre Secrétaire d'État.

DUC DE MORIN.

On donne aux princes et princesses de la famille royale le titre d'Altesse Royale.

L'héritier présomptif de la Couronne est appelé Prince Royal ;

La fille aînée du roi est appelée Madame première ; la cadette s'appelle Madame. On donne aux princes du royaume et aux titulaires des grandes dignités, le titre d'Altesse Sérénissime.

On donne aussi aux princes titulaires des grandes dignités du royaume, le titre de Monseigneur.

On appelle les grands Maréchaux d'Hayti, Monsieur le Maréchal ; on leur donne aussi, quand on leur adresse la parole ou quand on leur écrit, le titre de Monseigneur.

Les ducs et grands maréchaux d'Hayti ont le titre de Grâce.

Les ministres conservent le titre d'Excellence.

Les fonctionnaires de leur département et les personnes qui leur écrivent leur donnent le titre de Monseigneur.

Les comtes, barons et chevaliers du royaume sont appelés Monsieur le Comte, Monsieur le baron, etc.

On donne aux comtes le titres d'Excellence.

ÉDIT DU ROI

Portant création de l'ordre Royal et militaire de
SAINT-HENRY

Henry, par la grâce de Dieu et la Loi Constitutionnelle de l'État, Roi d'Hayti à tous présents et à
venir, Salut :

Les officiers de nos troupes de terre et de mer se sont
signalés par tant d'actions considérables de valeur,
de courage, dans les victoires dont il a plu à la divine
Providence de bénir nos armes et la justice de la cause
sacrée pour laquelle nous avons combattu ; que les
récompenses ordinaires ne suffisent pas à notre affection et à la reconnaissance que nous avons de leurs
services, nous avons cru devoir chercher de nouveaux
moyens de récompenser leur zèle et leur fidélité ; dans
cette vue, nous nous sommes proposé d'établir un
ordre purement militaire, auquel outre les marques
d'honneur extérieures qui y seront attachées, nous
assurerons, en faveur de ceux qui y seront admis, des
pensions, par une dotation que nous accorderons à
cet ordre.

A ces causes, nous avons créé, institué et érigé,
créons, instituons et érigeons par ces présentes, un
ordre militaire, sous le nom de SAINT-HENRY, et
sous les formes, statuts, ordonnances et réglements
qui suivent :

ART. 1er. — Nous nous déclarons Chef souverain,
grand maître et fondateur du dit ordre.

Notre volonté est que la dite grande maîtrise soit
unie et incorporée, comme de fait nous l'unissons et
l'incorporons par ces présentes à notre couronne, sans
qu'elle en puisse jamais être séparée par nous, ni par
les rois nos successeurs, pour quelque cause et occasion
que ce puisse être.

Art. 2. — L'ordre de Saint-Henry sera composé de nous et de nos successeurs en qualité de grands maîtres, de notre cher et bien-aimé fils, le prince royal, et sous les rois, nos successeurs, du prince royal, de seize grands croix, de trente deux commandeurs et du nombre des chevaliers que nous jugerons à propos d'y admettre.

Art. 3. — Voulons que tous ceux qui composeront le dit ordre de Saint-Henry portent une croix d'or émaillée d'azur, à six rayons doubles, sur laquelle il y aura d'un côté l'image de saint Henry, avec ces mots autour : Henry, fondateur, 1811, et de l'autre une couronne de laurier avec une étoile et la devise : Prix de la valeur ; mais avec la différence, que les grandes croix la porteront attachée à un ruban large, moiré, couleur noire, qu'ils mettront en écharpe, et auront encore une croix, en broderie d'or sur l'habit, au côté gauche ; les commandeurs porteront la croix sur un ruban moiré rouge, en écharpe ; mais sans que la croix puisse être brodée sur l'habit ; et quant aux simples chevaliers, ils porteront la croix attachée à la boutonnière de l'habit avec un petit ruban moiré, de dix-huit lignes de largeur, aux couleurs d'Hayti.

Art. 4. — Notre intention étant d'honorer autant qu'il est en notre pouvoir le dit ordre, nous déclarons que nous, notre cher et bien-aimé fils, le prince royal, les rois successeurs, les princes héritiers présomptifs de la couronne, porterons la croix du dit ordre de Saint-Henry.

Art. 5. — Nous déclarons le dit ordre compatible dans une même personne avec les autres ordres que nous ou nos successeurs pourrons fonder.

Art. 6. — Les grands croix ne pourront être tirés que du nombre des commandeurs ; les commandeurs que du nombre des chevaliers, le tout par choix et ainsi que nous ou nos successeurs le jugerons à propos, sans être obligé d'observer aucun ordre d'ancienneté.

ART. 7. — Dans les cérémonies et assemblées de l'ordre de Saint-Henry, les officiers ci-dessus nommés tiendront leur rang après nous, nos successeurs, les princes royaux préseomptifs, héritiers de la couronne et les princes de notre sang ; les grands croix précéderont les commandeurs ; et les commandeurs, les simples chevaliers ; ils garderont chacun dans leurs rangs, l'ordre dans lequel nous les aurons nommés.

ART. 8. — Nul ne pourra être nommé chevalier de Saint-Henry, s'il ne fait profession de la religion catholique, apostolique et romaine, et s'il n'a servi dans nos armées de terre et de mer, au moins pendant huit ans, en qualité d'officier.

Nous dérogeons cependant à cette disposition en faveur de ceux des officiers qui auront rendu d'éminents services au royaume.

ART. 9. — Les lettres ou provisions des chevaliers de Saint-Henry, ou celles de commandeurs ou de grands croix, seront signées par nous et par notre ministre ayant le département de la guerre et de marine et scellées du sceau de l'ordre, qui demeurera entre les mains de notre secrétaire d'Etat.

Les attestations, copies de brevets, commissions et autres pièces justificatives des qualités requises pour entrer dans le dit ordre, seront attachées aux provisions des chevaliers.

ART. 10 — Le chevalier pourvu se présentera devant nous pour prêter le serment ; il se mettra à genoux, jurera et promettra de nous être fidèle, et de ne se départir jamais de l'obéissance qui nous est due et à ceux qui commandent sous nos ordres, de garder, défendre et soutenir de tout son pouvoir notre honneur, notre autorité, nos droits et ceux de notre couronne, envers et contre tous, de ne jamais quitter notre service, ni aller à celui d'aucune puissance étrangère sans notre permission et agrément par écrit ; de nous révéler tout ce qui viendra à sa connaissance, contre notre personne et notre royaume ; de garder exactement les statuts et règlemens du dit ordre, et de s'y comporter en tout, comme un bon, sage, vertueux et vaillant chevalier doit le faire ; le tout selon la formule dont il sera fait lecture par le ministre qui aura expédié leurs provisions.

Art. 11. — Après que le chevalier pourvu aura prêté serment en cette forme, nous lui donnerons l'accolade et la croix, duquel serment et accolade, il sera expédié et signé par le même ministre un acte sur le repli des provisions.

Art. 12. — Il y aura trois officiers du dit ordre de Saint-Henry, savoir : un trésorier, un greffier et un huissier qui seront par nous choisis et pourvus aux honneurs, gages et fonctions ci-après spécifiés et dont les provisions seront expédiés par notre Secrétaire d'État.

Art. 13. — Les trois officiers ci-dessus mentionnés doivent être choisis parmi les chevaliers de Saint-Henry.

Art. 14. — Tous les grands croix, commandeurs et chevaliers de Saint-Henry qui ne seront point retenus par maladie, absence pour notre service ou autre légitime empêchement, seront tenus de se rendre tous les ans les jour et fête de Saint-Henry, auprès de notre personne royale, de nous accompagner à la messe qui sera célébrée le même jour dans la chapelle du Palais où nous serons et d'entendre dévotement la messe, pour demander à Dieu qu'il lui plaise de répandre ses saintes bénédictions sur nous, sur notre maison royale et sur notre royaume.

Art. 15. — L'après-diné du même jour et fête de Saint-Henry, il sera tenu une assemblée de l'ordre dans un des appartemens du Palais où nous serons, que nous ferons préparer à cet effet, et seront tenus grands croix, commandeurs et chevaliers qui auront assisté le matin à la messe, de se trouver à l'Assemblée.

ART. 16. — Nous assisterons en personne, autant que nos autres occupations le permettront, à l'Assemblée du jour et fête de Saint-Henry, et autres assemblées que nous jugerons à propos de convoquer extraordinairement. Voulons que lorsque nous n'y serons pas présent, notre cher et bien-aimé fils, le prince royal, en son absence, les princes de notre sang, que nous aurons fait chevalier du dit ordre de Saint-Henry, ou ceux de nos ministres qui se trouveront dans le lieu de l'Assemblée y présidant, selon leur rang, et à leur défaut les plus anciens grands croix, commandeurs ou chevaliers de ceux qui s'y trouveraient.

ART. 17. — Le greffier de l'ordre aura deux registres, dans l'un desquels il enregistrera les lettres et provisions qui auront été par nous accordées aux grands croix, commandeurs et chevaliers, et l'autre dans lequel il écrira tout ce qui se fera dans les assemblées et délibérations qui y seront prises, lesquels registres, après qu'ils auront été remplis, seront déposés dans les archives de l'ordre.

ART. 18. — Les registres des délibérations seront cotés et paraphés à chaque page et signés à la fin de chaque séance par celui qui y aura présidé, et par les grands croix, commandeurs et chevaliers nommés pour la conduite des affaires de l'ordre qui y auront assisté.

ART. 19. — Nous avons doté et dotons le dit ordre de Saint-Henry, de trois cent mille livres de rente par année, en biens ou revenus que nous destinerons à cet effet.

Nous ferons remettre tous les ans, sur le fonds qui sera par nous destiné, pareille somme de 300.000 livres entre les mains du trésorier de l'ordre, pour être par lui payé suivant l'état qui sera par nous arrêté au commencement de chaque année, lequel sera signé par le ministre ayant le département de la guerre et

de la marine, et notre Secrétaire d'État, savoir :
56.000 aux seize grands croix, à raison de 3.500 chacun ; 80.000 livres à trente-deux commandeurs, à
raison de 2.500 libres chaque, et 150.000 à deux cents
cinquante chevaliers, à raison de 600 livres chacun ;
2.500 au trésorier, 2.000 au greffier et 1.500 à l'huissier, pour leurs appointements, frais de comptes,
registres, etc. le tout par année, de six mois en six
mois ; et les 8.000 restantes pour la fabrication des
croix et aux dépenses qui ne pourront être faites
que par nos ordres.

Art. 20. — Les archives du dit ordre de Saint-Henry
seront tenues dans une chambre du château de Sans-
Souci, dans une ou plusieurs armoires, fermant à
deux clefs, dont notre Secrétaire d'État en gardera
une, et l'autre restera entre les mains du greffier.

Art. 21. — Permettons à tous ceux qui seront admis
au dit ordre de Saint-Henry de faire peindre ou graver
dans leurs armoiries les ornemens ci-après désignés
savoir : les grands croix, l'écusson accolé sur une
croix d'or émaillée d'azur, à six rayons doubles, et un
ruban large, moiré, de couleur noire, autour du dit
écusson avec ces mots : prix de la valeur, écrit sur le
dit ruban, auquel sera attachée la croix du dit ordre ;
les commandeurs de même, mais avec la différence
que le ruban sera moiré, rouge, et à la réserve de la
croix sous l'écusson ; et quant aux simples chevaliers,
nous leur permettons de faire peindre ou graver
au bas de leur écusson une croix du dit ordre, attachée à un petit ruban noué, moiré, aux couleurs
d'Hayti, desquels ornemens ci-dessus désignés, les
modèles sont déposés dans les bureaux de notre
ministre Secrétaire d'État.

Mandons et ordonnons que les présentes revêtues
de notre sceau soient adressées à toutes les cours,
tribunaux et autorités administratives, pour qu'ils

les transcrivent dans leurs registres, les observent et
les fassent observer dans tout le royaume ; et le
Ministre de la Justice est chargé de la promulgation.

Donné en notre Palais du Cap-Henry, le 10 avril
1811, l'an huit de l'Indépendance.

Signé : HENRY.

Par le Roi :
Le Ministre Secrétaire d'État,
DUC DE MORIN.

LES DERNIERS LOUVERTURE

(La fin d'une Famille).

On a évoqué, il n'y a pas longtemps, dans un de nos quotidiens la puissante figure de Toussaint Louverture. Bien que l'homme soit discuté et que ses actes aient trouvé dans la postérité des admirateurs béats et des adversaires irréductibles, tous ignorent peut-être les humiliantes tribulations que subit la famille et comment finit sa lignée.

La plupart d'entre nous méconnaissent notre Histoire, ceci n'est-il pas naturel, puisque rien ne se conserve sur la terre décevante de Saint-Domingue, pas plus la puissance que le souvenir! Cependant, du naufrage des Louverture, trois lettres d'un témoin oculaire ont survécu, Dieu seul sait comment ; elles relatent à une âme charitable et amie les misères de Mme Isaac, sa mort et les ennuis de toutes sortes qui proviennent du règlement d'une succession obérée. Elles sont de Gragnon-Lacoste, le fidèle compagnon des derniers temps, et leur destinataire, bien qu'elles ne le disent pas, fut le général Dupuy, un de nos anciens ministres à Londres, alors résidant au Havre.

Leur intérêt pour la grande Histoire est presque nul, j'en conviens ; mais l'histoire n'est-elle pas faite d'événements grands et petits?

Laissons monter jusqu'à nous la voix souvent plaintive de Gragnon-Lacoste.

Bordeaux, ce 12 juillet 1871.

Mon cher Monsieur,

Je me proposais de vous écrire une longue lettre ; mais un événement malheureux vient me surprendre. Mme veuve Louverture qui s'était alitée depuis trois jours est maintenant à l'agonie. Vous savez que cette malheureuse victime d'événements qui ont jeté sa famille sur la terre étrangère, n'avait d'autres ressources que le modique subside que lui paie le gouvernement français.

Je suis très embarrassé comme ami de cette malheureuse dame pour lui faire des obsèques même de 4e classe, qui coûtent 300 francs. Je me vois obligé de faire appel à quelques amis pour me procurer cette somme.

Vous comprenez, Monsieur, le sentiment auquel j'obéis, et, vous m'excuserez, de vous demander votre concours, bien que vous n'ayez qu'entrevu Mme Louverture.

Je ne plaide aucune considération près de vous, votre grand cœur doit seul vous inspirer.

Son mobilier suffira à peine pour payer 4 trimestres de loyer et les gages de sa domestique. J'ai pourvu à tous les autres frais.

Pardon, cher Monsieur, si je termine succinctement ma lettre ; mais je me réserve de vous écrire très longuement.

Recevez, cher Monsieur, l'assurance des sentiments de profonde estime avec lesquels j'ai l'honneur d'être,

Votre très humble et très obéissant serviteur.

GRAGNON-LACOSTE.

13, *rue Chevalier.*

P.-S. — Je n'ai pas eu des nouvelles de M. Wite.

*_**

La mort ayant fait son œuvre ; Gragnon-Lacoste parle longuement au général Dupuy de la défunte, de ses funérailles et de sa famille.

Bordeaux, ce 31 juillet 1871.

Monsieur le Général,

Mme veuve Isaac Louverture est décédée, ou plutôt, s'est éteinte après quinze jours d'une lente agonie.

Grâce à votre intervention, des obsèques convenables ont pu lui être faites. C'est vous dire que j'ai reçu le billet de banque de 100 francs que vous avez bien voulu m'adresser à cet effet.

Mme Louverture n'était pas une femme ordinaire. Son mari et elle ont laissé à Bayonne, à Agen, à Bordeaux, où ils ont été internés, de très bons souvenirs. J'ai eu le plaisir de la voir accompagner à sa dernière demeure par un cortège d'élite.

Elle a fait des dispositions dans un testament mystique. Le Magistrat qui a ouvert, hier ce testament a dit que le préambule était l'expression d'une grande âme et méritait d'être rendu public.

Les époux Louverture, contrairement à ce qu'on a pensé généralement, ne s'étaient jamais réclamé de la qualité de français. Ils ont toujours entendu appartenir à la nationalité haïtienne ; c'est pourquoi ils avaient obtenu du Président Boyer une autorisation de séjour pour un temps illimité en pays étranger. Je l'ai lue et elle se trouvera dans les papiers avec les actes d'envoi en possession des propriétés laissées par Toussaint Louverture, après enquête et toujours d'après les ordres du Président Boyer.

11

On a dit aussi qu'ils avaient perdu leur qualité d'haïtiens parce qu'ils recevaient une pension d'un gouvernement étranger. C'est une erreur. Une pension est la récompense de services rendus. Or, Isaac n'a jamais servi la France. Il a été envoyé et retenu prisonnier de guerre. Ce que le gouvernement leur payait n'était qu'un subside ayant un caractère essentiellement temporaire, si bien qu'il a varié sous divers ministères. Le titre porte la mention de paiement facultatif.

Aussi dans son testament dont je vous adresserai une copie pour l'honneur de celle dont vous avez bien voulu honorer la mémoire, Mme Louverture, dit-elle, qu'elle est née à Saint-Domingue devenue Haïti et qu'elle est morte haïtienne.

Elle avait fait un traité avec M. le comte de Fleury pour l'exploitation des propriétés dont elle avait été envoyée en possession et qui avaient été administrées par Boyer, Larivière, colonel Bigaille, un président d'Haïti, Louisac Pallias, puis par Léon Legros, son neveu des Gonaïves.

Elle laisse ces terres aux enfants d'Aimé Legros, fusillé sous Geffrard, dont il avait été le ministre de la guerre. Enfin, elle fait des dispositions particulières qui ne me sont point encore connues.

J'ai écrit à l'aide de documents inédits trouvés dans les papiers d'Isaac, une vie de Toussaint Louverture. Cette vie de malheurs et les actes accomplis par les époux Isaac peuvent faire honneur à leur pays.

Ainsi ils ont été les premiers fondateurs de la mission des deux Guinée et ils ont fait pénétrer le christianisme chez les Aradas d'où sortait le père de Toussaint Louverture, peuple qui est aujourd'hui compris dans le Dahomey.

Ils reçurent tous les exilés politiques d'Haïti. Les Rigaud ont témoigné par des lettres combien ils étaient reconnaissants de leurs bienfaits.

Depuis déjà 3 ans, Mme Louverture m'avait remis tous ces papiers historiques, afin qu'ils ne périssent point. Je les utiliserai et je déposerai papiers et mémoires dans notre Bibliothèque où un jour quelque historien d'Haïti qui cherchera la vérité pourra les retrouver.

Des préjugés existent aujourd'hui, ils s'effaceront et Toussaint Louverture restera aux yeux de la postérité, la figure légendaire de la race africaine, le premier grand homme de la race noire. D'injustes préjugés existaient autrefois en Europe et nous ne les voyons plus aujourd'hui que chez ceux qui nous les reprochaient. Les constitutions d'Haïti perpétuent un sot exclusivisme qui doit conduire cette nation à sa perte. Les législateurs le savent, le disent, mais subissent l'empire d'une impardonnable vanité. Quand donc se trouvera-t-il un homme aussi puissant que l'était Louverture pour dominer les masses et leur imposer la civilisation par le travail, la religion et l'instruction? Que parlé-je de tout cela avec vous dont les idées sont si élevées !

Prochainement une autre correspondance.

Recevez, Monsieur le général, mes civilités très distinguées.

GRAGNON-LACOSTE.

Deux mois après le décès de Mme Louverture, Gragnon-Lacoste annonçait officiellement au général Dupuy, la vente aux enchères du mobilier de la morte.

Bordeaux, ce 6 septembre 1871.

Général,

Mme veuve Isaac Louverture m'a confié, en mourant le soin de sa mémoire et de celle de ceux qu'elle avait aimés. Elle m'a nommé à ces fins son exécuteur testamentaire et m'a mis en possession de tous ses papiers de famille ; c'est assez vous dire que j'ai en mains l'histoire vivante d'Haïti ou plutôt son histoire depuis 1793.

Quand le jour sera venu où le calme se sera fait dans les esprits, la figure de Toussaint Louverture apparaîtra à ses compatriotes sous son véritable aspect. On peut dire que le grand peuple des États-Unis est encore le seul qui lui ait rendu justice. En rendant visite à Mme Louverture à Bordeaux, vous lui avez rendu votre hommage.

Me voici au fait. Comme exécuteur testamentaire et en présence de quelques créanciers, la loi m'oblige de faire vendre aux enchères publiques le mobilier de la vénérable défunte. Parmi ses bijoux, il existe la montre de Toussaint Louverture et cette montre est le seul objet ayant appartenu au général qui ait pu être sauvé de son triste naufrage.

Il a donc pour quiconque professe une admiration pour ce « premier des noirs » une valeur relative.

Mais indépendamment de cette valeur, la montre en a une intrinsèque. Elle est en émail, à sonnerie et à répétition et d'un bon travail. Elle porte le nom de Girard, fabricant à Genève. Isaac la racheta au geôlier de son père 500 francs. J'estime qu'elle ne trouvera pas plus de 200 francs.

J'ai pensé qu'il pourrait vous convenir de posséder cette montre dont un américain donnerait un très grand prix, si elle était exhibée à New-York.

On vendra également le portrait de Toussaint Louverture le seul authentique qui existe, et un magnifique chapelet en corail monté en or d'un superbe travail qui appartenait à Mme Toussaint Louverture, mère d'Isaac. Il a été prisé 78 francs.

Je désirerais beaucoup que ces objets tombassent dans des mains connues afin de les y savoir bien placés et c'est la poursuite de ce désir qui m'a porté à vous faire part de la vente qui doit avoir lieu dans une dizaine de jours au plus tard.

J'aurai dans quelques jours des renseignements à vous demander sur Haïti, vous me permettrez d'en faire l'objet dans une prochaine lettre.

Je ne vous parle pas politique. Vous avez revu Lullier à Paris tel qu'il paradait à Bordeaux. La peine sera commuée. Vesseyer que Ferré a fait fusiller était un de mes amis. Il se trouvait à Bordeaux quelques jours auparavant. Triste, tout cela triste !

L'Angleterre fait-elle bien de réchauffer la commune dans son sein? L'avenir pourrait bien blâmer son excès de libéralisme.

Recevez, Général, avec l'expression de mes meilleurs souvenirs, celle des sentiments de haute esti me de votre très obéissant et très dévoué serviteur.

GRAGNON-LACOSTE.

La vente eut lieu ainsi que l'annonçait l'auteur de ces lettres et les souvenirs de famille furent dispersés. Le général Dupuy cependant fit l'acquisition de quelques-uns et si ma mémoire est fidèle, j'ai vu dans la bibliothèque du Petit Séminaire Collège Saint-Martial qui est une remarquable mine d'informations pour ceux qui s'intéressent au passé de notre pays, un jour que le Père supérieur lui-même m'avait fait l'honneur de me servir de cicérone, le portefeuille de guerre du puissant gouverneur.

C'est la dernière réplique, je crois, qui soit parvenue jusqu'à nous, de cet homme qui fut « extraordinaire ».

Ce 15 janvier 1918.

UNE MISSION DIPLOMATIQUE SECRÈTE SOUS GEFFRARD

I

J.-N. Léger, dans son ouvrage, « Haïti, son Histoire
et ses Détracteurs » a, au sujet de certains faits qui
se sont déroulés pendant le gouvernement de Geffrard, des réflexions très curieuses. Après avoir
relaté qu'en 1861, grâce à la félonie du président
dominicain, la partie de l'Est avait été livrée à
l'Espagne ; que la colonie y avait été rétablie ; que
le peuple dominicain eût recours aux armes pour
recouvrer son indépendance, l'éminent diplomate
conclut :

« L'Espagne rendit Haïti responsable de cette
résistance à son autorité. »

Cette phrase laisse rêveur, mais poursuivons la
citation :

« Une flotte, continue l'historien, sous les ordres
de l'amiral Rubalcava, vint en juillet prendre mouil-
lage en rade de Port-au-Prince et menaça de bom-
barder la ville. L'incident n'eut heureusement pas
de suites fâcheuses. Mais il démontrait le danger

pour Haïti d'avoir une des grandes puissances de l'Europe comme voisine immédiate. Et quand, en 1863, les dominicains se soulevèrent de nouveau contre l'autorité de l'Espagne, toutes les sympathies nationales leur étaient acquises. En 1865, les Espagnols furent obligés de renoncer une fois de plus à une colonie qui leur coûtait tant de sacrifices en hommes et en argent. La République d'Haïti pouvait profiter de la situation où étaient les Dominicains pour exiger au moins des garanties sérieuses pour l'avenir. Le Président Geffrard. compta sur leur reconnaissance. La République Dominicaine, rétablie comme État indépendant, oublia vite le concours que sa sœur aînée lui avait prêté. »

Que signifie cette page de J.-N. Léger? Ses phrases seraient-elles à double sens? Prenons au hasard. Il ne parle de rien de moins que « profiter de la situation où étaient les Dominicains pour exiger au moins des garanties sérieuses pour l'avenir », de leur « reconnaissance » sur laquelle comptait Geffrard et de l'oubli de la partie de l'Est envers Haïti pour « le concours que sa sœur aînée avait prêté ». L'auteur d'« Haïti, son Histoire et ses Détracteurs », eut-il connaissance de la mission Roumain dans la partie de l'Est justement à cette époque? Ou bien fait-il plutôt allusion au « concours » de toutes sortes, consistant en armes, argent, munitions et hommes, que le Président d'Haïti passait aux insurgés dominicains en rébellion contre la Couronne d'Espagne? Cette dernière hypothèse est plus que probable, surtout si l'on se souvient de l'incident qui donna naissance à la démonstration navale de l'amiral Rubalcava sur Port-au-Prince. Les faits sont en eux-mêmes très simples. Les tirailleurs, les fameux

tirailleurs de Geffrard, dont l'organisation européenne étaient bien connue des étrangers, revenant
de la partie de l'Est, maquillés en insurgés dominicains, après avoir donné un fort coup d'épaule aux
vrais insurgés dominicains contre les troupes de sa
Majesté Catholique, avaient fait leur entrée à la
Capitale, déguisés en révolutionnaires. Cette grave
inobservance à la neutralité de la République aurait
pu à la rigueur passer inaperçue si la soldatesque
avait regagné ses casernes de nuit et sans bruit.
Mais elle n'en fit rien et descendant d'une tournée
triomphale au Bel Air et en plein jour, elle avait eu
la malencontreuse idée, fatalité ou bêtise, de traîner
dans la boue à la rue du Centre et devant la légation
espagnole un drapeau qu'elle avait pris de haute
lutte dans la partie de l'Est, aux couleurs d'Espagne.
Le Chargé d'affaires de Sa Majesté Catholique à
Port-au-Prince avait assisté, du haut de son balcon
à l'insulte gratuite faite à son pays. La Cour de
Madrid avait été informée de ce fait inoui et la flotte
castillane, en guise d'épilogue, avait immédiatement pris la mer, afin d'aller donner à la République
d'Haïti une leçon de savoir vivre. L'incident faillit
tourner au tragique, comme on pense. Mais des
excuses, cependant, furent faites à l'Espagne. Le
président Geffrard avait fort mal pris, au milieu
de l'émotion générale qui avait alerté le pays, l'esclandre de ses tirailleurs. En rechignant, il est vrai,
il avait mis fin à ce déplorable incident diplomatique,
en gardant sur le cœur, lui qui avait une si haute
idée de sa personne, le souvenir des heures tragiques
qu'avait vécues son gouvernement, grâce à l'amiral
Rubalcava. Désormais du Palais National à Port-
au-Prince, plus discret dans sa manière d'agir vis-à-

vis des insurgés dominicains, il allait se contenter de suivre sur la carte la suprême partie qui devait se jouer par delà nos frontières, pour l'indépendance. En 1863, la guerre s'était ranimée dans la partie de l'Est, acharnée de part et d'autre. La campagne de libération qu'allaient poursuivre les tenaces rebelles, devait rappeler souvent par ses côtés tragiques l'Epopée glorieuse des armées indigènes, en 1803. La démoralisation des troupes espagnoles, ainsi que les épidémies, devait achever pour ainsi dire, la besogne de mort contre l'envahisseur, que les balles dominicaines avaient si glorieusement commencée.

Au mois d'octobre 1864, le général de la Gandara y Navarro, commandant en chef du corps expéditionnaire dans la partie de l'Est, trouva qu'il était temps pour lui, afin de conserver le prestige des troupes qu'il avait sous ses ordres, de chercher aide et soutien ailleurs que dans la fortune qui lui était contraire, dans le but de tirer la mère-patrie de l'impasse dans laquelle elle se trouvait. Le Président Geffrard était, à son point de vue, l'homme qu'il fallait. Le rôle qu'il avait pris tout au début de l'insurrection peut-être et qui lui avait assuré une grande autorité morale au pays dominicain, son prestige personnel et sa position de Chef d'Etat du pays limitrophe, constituaient des éléments de garantie suffisants pour qu'il s'adressât à lui sans retard et sans ambages. La résolution du général en chef des forces espagnoles sitôt prise, il passa à l'action. Le colonel Van Hallen, aide-de-camp du général de La Gandara Y Navarro, arrivait à Port-au-Prince, croyons-nous, dans la première quinzaine d'octobre, en mission secrète auprès du Président d'Haïti. L'entrevue entre les deux hommes eut lieu à Drouillard, non loin de la Capitale, et propriété du général Geffrard. L'entretien fut long et animé en présence d'un personnage presque muet en la cireonstance, le colonel Ernest Roumain.

Le Président d'Haïti, sur la demande qui lui avait été faite, promit d'agir promptement, en usant de tout ce qui serait en son pouvoir, afin de permettre à la Cour de Madrid de sauver son honneur menacé en conseillant au chef dominicain insurgé, quoique vainqueur, de solliciter sans fracas de sa Majesté Catholique l'indépendance dominicaine, que celle-ci, les Cortès dûment consultées, aurait l'air de lui concéder. En acceptant une mission si délicate qui réclamait pour être menée à bonne fin un tact absolu, le Chef du Gouvernement haïtien avait étouffé chez lui ses propres sentiments dans un but de politique supérieure et d'humanité. De politique supérieure, il fallait à tout prix écarter de l'île une grande Puissance européenne, dont la présence aurait été constamment pour la République d'Haïti un danger toujours présent. Un peu plus tôt, un peu plus tard, étant donné les adversaires en présence, les insurgés dominicains, dans le moment victorieux, auraient fini par être vaincus. D'humanité : dans une lutte acharnée où des hommes mouraient sans relâche, il fallait mettre fin à ce carnage sur une portion de territoire qui avait pendant vingt ans partagé nos destinées. L'Espagne, il ne pouvait guère l'aimer ; il y avait entre lui et elle un homme, l'amiral Rubalcava. Le général Geffrard ne devait pas se souvenir en présence de si graves événements ; il eut la vertu d'oublier.

L'homme qu'il devait choisir pour exécuter ses pensées, était pour ainsi dire connu d'avance :

c'était le colonel Ernest Roumain. Le hasard d'un congé l'avait amené à Port-au-Prince dans le courant de l'année 1864. Il était, au moment où se déroulaient ces importantes négociations secrètes, Chargé d'Affaires de la République d'Haïti aux Etats-Unis d'Amérique. Le 3 mars de l'année précédente, il avait créé notre Légation en ce pays en étant accrédité auprès du Président Lincoln. Il avait, de New-York et de Washington, suivi de près la guerre de Sécession et jusqu'à sa mort. il avait gardé du grand Président américain, qui avait inculqué aux Sudistes les principes d'humanité à coups de canon, un souvenir inoubliable. Ajoutez à tous les titres différents qui le désignaient au général Geffrard.pour être son propre représentant auprès du Gouvernement provisoire dominicain, qu'il était, au physique, grand, mince et impassible, attitude qui donnait souvent à la pureté de ses traits un je ne sais quoi d'impénétrable. Enfin, il avait de la bravoure à revendre, son équipée aux Gonaïves avec Geffrard lui-même, son fils Clodomir et le marin Jean-Bart, appartient à l'Histoire.

Le choix du Président d'Haïti ainsi fixé, il restait à rédiger les instructions que devait suivre le Colonel Roumain. Il fallut plusieurs jours pour mener à bien une pareille besogne. Entre temps, il lui avait été adjoint comme interprète, Décimus Doucet, Commissaire du Gouvernement près le Tribunal de Cassation de la République, qui, lui non plus, n'était pas le premier venu.

Les premières directives confidentielles sorties du Palais National et données au Représentant du général Geffrard sont du 27 octobre 1864. Elles étaient accompagnées d'une lettre privée du Chef.

de l'Etat, qui devait servir en l'occurence de lettre de créance au colonel Roumain et faciliter sa prise de contact avec les Chefs insurgés dominicains. Les missionnaires, ainsi munis d'instructions de toutes sortes s'étaient embarqués nuitamment incognito à bord du 22 *Décembre* un des navires de guerre de la flottille haitienne à destination de Fort-Liberté. La lettre de Geffrard au colonel Roumain a été écrite par Boyer Bazelais, son aide de camp et quelquefois son secrétaire particulier. Ce document, par son contenu et par le caractère officiel de ceux qui l'ont rédigé, signé et reçu, donne un douloureux frisson à la lecture, quand l'esprit s'arrête aux choses présentes. Fabre Geffrard, Ernest Roumain, Boyer Bazelais ne sont-ils pas une partie de l'histoire glorieuse d'Haïti?

Maintenant, laissons parler les documents.

Port-au-Prince, le 27 octobre 1864,
an 61ᵉ de l'Indépendance.

FABRE GEFFRARD
Président d'Haïti.

Au Colonel Ernest ROUMAIN, son aide de camp, Chargé d'Affaires d'Haïti à Washington, en congé à Port-au-Prince.

Mon cher Colonel,

Depuis plus d'un an, une lutte sanglante désole la partie de l'Est de l'Ile d'Haïti et en décime la population ; des cités entières ont disparu, les ruines s'amoncellent. Dans ce drame sanglant, quelques milliers de braves, d'une part, résignés à tous les sacrifices ; combattant avec le courage du désespoir, pour leur liberté et l'indépendance du sol qui les a vus naître ; d'autre part, ce sont les bataillons d'une nation généreuse et chevaleresque qui, poussés par des circonstances fatales sur ce même sol qu'ils n'ont point conquis et qu'ils sont obligés de défendre par orgueil militaire et par dignité nationale, marchent sous un climat meurtrier, à une mort certaine, sans gloire et sans profit. Et nous, liés par les lois de l'honneur et les devoirs de la neutralité, nous, obligés d'assister impassibles à tous ces malheurs, sans pouvoir les empêcher, sans pouvoir arrêter ce sang, qui coule presque sous nos yeux.

Dieu m'est témoin que je n'ai point désiré cette lutte, quoique l'on m'ait accusé bien souvent de l'avoir proposée ! Les désastres qu'elle devait produire et qu'il était facile de prévoir, les dangers dont elle devait menacer mon pays, les embarras et les difficultés qu'elle devait susciter à mon gouvernement, auraient suffi à détourner de moi une aussi funeste pensée.

Depuis, j'ai contraint, par ma conduite et par tous mes actes, mes ennemis eux-mêmes à rendre justice à mes sentiments et à reconnaître ma loyauté et ma sincérité.

Les devoirs de la neutralité, que je me suis attaché à observer rigoureusement, ne m'ont point empêché plus d'une fois de revendiquer les droits de l'humanité et d'en appliquer les principes. J'ai fait plus encore : j'ai essayé d'intéresser les Grandes Puissances, amies de l'Espagne et d'Haïti, aux malheurs de nos voisins. J'ai fait appel à leurs sentiments généreux pour tenter, par un effort commun, d'arrêter l'effusion du sang. Les circonstances n'ont pas favorisé cette première tentative.

Aujourd'hui le moment me paraît favorable pour faire un nouvel effort de conciliation.

Cette fois. Je veux agir seul et en mon nom privé. Le sang coule toujours... Le temps presse. Les sentiments qui m'animent et le but que je me propose d'atteindre, quoiqu'il arrive de ma démarche, ne sauraient être mal interprétés. L'Espagne pourra-t-elle me reprocher d'avoir essayé d'épargner le sang de ses soldats? Et les Dominicains pourront-ils m'en vouloir d'avoir tenté de les aider à reconquérir par un moyen pacifique et honorable, cette liberté et cette indépendance qu'ils revendiquent si coura. geusement les armes à la main?

Mon cher Colonel, vous avez suivi tous les incidents de la lutte, vous connaissez la situation respective, des parties dans l'Est. D'un autre côté, ayant apprécié la modération de votre caractère, votre intelligence et votre prudence, ainsi que votre dévouement pour ma personne j'ai fait choix de vous pour porter aux Dominicains des conseils de paix et de conciliation. Ces conseils, vous le leur direz, m'ont été inspirés par mon amour de l'humanité, par ma vive sympathie pour leur cause, par le spectacle douloureux de leurs souffrances et du sang versé. Aucun autre sentiment ne me dirige dans la démarche tout officieuse que je vais tenter. Je désire qu'ils en soient bien convaincus et qu'ils comprennent comme moi que le moment est venu, aujourd'hui que l'unanimité de leurs vœux et de leurs aspirations ne saurait être méconnue et que leur courage et leur résolution ne peuvent être mis en doute, que le moment est venu de faire succéder à la violence la voix de la raison.

L'Espagne l'a déclaré solennellement, elle ne

désire point faire de conquête, mais elle veut dans l'Est d'Haïti, comme partout ailleurs, maintenir respectés l'honneur de ses armes et sa dignité nationale.

Le peuple dominicain ne doit pas oublier que ce sont des Dominicains qui ont appelé les Espagnols dans l'Est ; le peuple dominicain a été trahi, dit-il ; mais la nation espagnole peut dire, à son tour, qu'elle a été trompée. Ne revenons pas sur le passé.

Les Dominicains ont les premiers eu recours aux armes, c'est à eux à prendre l'initiative de la paix. Ils ont prouvé qu'ils sont braves et résignés ; qu'ils prouvent qu'ils sont aussi modérés que braves, aussi sages que résignés. Qu'ils mettent de côté toute fausse honte ; qu'ils jettent leurs regards autour d'eux ; qu'ils considèrent les malheurs et les ruines de leur patrie, qu'ils se laissent toucher par les infortunes et les misères de leurs familles, suites inévitables de la lutte héroïque, mais désastreuse qu'ils soutiennent. Avant de la continuer plus longtemps, cette lutte malheureuse, j'allais dire parricide, qu'ils essaient encore une fois de la voie de la conciliation, qu'ils portent l'expression respectueuse de leurs vœux au pied du trône de S. M. Catholique. La Reine Isabelle ne restera pas insensible à une supplique que son cœur magnanime attend peut-être !... Voilà le conseil que je veux donner aux Dominicains.

Comme Président d'Haïti, comme Chef d'Etat, j'ai observé rigoureusement à leur égard les obligations qui me sont imposées par les lois internationales : c'était mon devoir. Mais aujourd'hui, ce n'est pas le Président d'Haïti qui leur donne un conseil, c'est le Général Geffrard, dont la loyauté et la sincérité, j'ose le dire, leur sont bien connues. C'est un ami désintéresssé, qui après avoir admiré leur bravoure, fait un appel à leur raison et à leur sagesse.

Vous connaissez maintenant ma pensée, mon colonel, soyez-en l'interprète. Jusqu'à votre retour. je conserverai l'espoir que les Dominicains ne resteront pas sourds à ma voix et qu'ils apprécieront ma démarche et suivront mes conseils.

Le Commissaire du Gouvernement, Décimus Doucet, du Tribunal de Cassation vous accompagnera et vous assistera dans votre mission. Puisse un heureux succès couronner vos efforts !

Votre affectionné,

(S.) GEFFRARD.

Port-au-Prince, le 24 *octobre* 1864,
an 61e de l'Indépendance.

Cabinet Particulier
du Président d'Haïti.

Instructions confidentielles à observer par le Colonel E. Roumain, dans sa mission près des Dominicains :

1º Le Colonel Ernest Roumain, partira à bord du 22 *Décembre*, aujourd'hui 27 octobre, dans la soirée, à destination pour le Fort-Liberté ;

2º Arrivé au Port-Liberté, il se rendra sans retard, par terre, à Ouanaminthe, près du Général Philantrope Noël, commandant de l'arrondissement, auquel il fera part de l'objet de sa mission ;

3º Au Fort-Liberté et dans toutes ses localités, le colonel Ernest Roumain est autorisé à se faire fournir, par les autorités militaires locales, les montures nécessaires pour acomplir sa mission ;

4º Étant à Ouanaminthe, le colonel E. Roumain fera parvenir, soit par un exprès, si c'est possible, soit par toute autre voie sûre qui lui sera indiquée par le général Ph. Noel, une lettre aux chefs de l'armée Dominicaine ; cette lettre sera conforme au modèle ci-annexé, leur annoncera l'objet de sa mission et leur demandera une entrevue ;

5º Le colonel E. Roumain attendra la réponse à Ouanaminthe.

6º Le colonel E. Roumain se rendra au lieu désigné, même à Saint-Yague. A cet effet, le Général P. Noël fournira les montures et les guides nécessaires au colonel E. Roumain et à la personne qui l'accompagnera ;

7º Le colonel E. Roumain ouvrira lui-même la conférence en faisant part de nouveau, soit aux chefs dominicains, soit à celui qu'ils auront désigné pour s'entretenir avec lui, de l'objet de sa mission ; à l'appui de sa communication, il donnera lecture, de la lettre qui lui a été adressée par Son Excellence le Président d'Haïti et il offrira d'en remettre une copie ;

8º La conférence ainsi autorisée, le colonel Roumain exposera et expliquera la position difficile et même périlleuse que l'insurrection dominicaine a faite au Gouvernement d'Haïti vis-à-vis de l'Espagne, les exigences et les obligations impérieuses de neutralité et d'extrême prudence qui sont créées de cette situation, les défiances, les menaces et les accusations auxquelles le Président personnellement et son gouvernement ont été en butte ; il rappellera les principaux actes du Gouvernement d'Haïti en faveur des Dominicains, notamment les distributions de vivres faites sur la frontière et la démarche faite, au commencement de cette année, près des Grandes Puissances ; le résultat de cette démarche. Après cet exposé et ces explications, le colonel E. Roumain passera à un examen succinct de la situation respective, actuelle, des deux parties ; il demandera une conciliation ; il laissera pressentir, mais sans trop appuyer sur ce point, que le Président a des motifs pour espérer que si l'initiative de la paix est prise par les Dominicains, cette initiative sera accueillie par les Espagnols. Il offrira les bons offices personnels du président, si mieux ils n'aiment agir eux-mêmes directement ; enfin le colonel Roumain, après s'être assuré que la voie de la conciliation est acceptée, résumera les propositions du Président en six articles, comme il suit :

1° a) Les Dominicains proposeront d'abord au Capitaine Général une suspension d'hostilités qui sera motivée sur leur désir de faire un appel au peuple dominicain pour savoir s'il veut la paix ou non, et pour ensuite adresser une supplique à S. M. la Reine ;

2° b) La suspension d'hostilités serait immédiatement suivie de l'échange des prisonniers ;

3° c) Après l'échange des prisonniers il serait procédé à l'appel du peuple ;

4° d) Si cet appel est favorable à la paix, une supplique serait adressée à S. M. la Reine ;

5° e) Les hostilités resteront suspendues pendant toute la durée des négociations ; chaque parti restera dans le statu quo, et gardera les positions qu'il occupait au moment de la cessation des hostilités ;

6° *f*) Si le Capitaine Général recevait l'ordre de son Gouvernement de reprendre l'offensive, ou bien si l'appel au peuple dominicain n'est pas favorable à la paix, dans l'un ou l'autre cas, les hostilités ne seront reprises qu'après un avis et un intervalle de quelques jours ;

7° Le Colonel E. Roumain remettra une note écrite, mais non signée de ces six articles ainsi formulés ;

8° Le Colonel Roumain, avant tout, établira que sa mission est essentiellement officieuse et amicale ; que ce n'est pas le Gouvernement d'Haïti qui la lui a confiée, mais le président Geffrard, personnellement, dont la sympathie leur est acquise, et dont ils connaissent la loyauté, le patriotisme et les éminentes qualités. Il insistera sur ce point que le Président ne leur conseillerait jamais un acte d'humiliation, qu'il les estime trop pour leur donner un conseil qu'il ne voudrait pas suivre lui-même s'il se trouvait dans leur position ;

9° Dans l'impossiblité de prévoir les objections qui pourront être faites, il est laissé à l'intelligence et à la prudence du colonel E. Roumain de répondre à ces objections, en s'inspirant des sentiments et de la pensée dont le Président est animé et que son Excellence lui a fait connaître de vive voix. Si ces objections sont d'une gravité telle que le colonel E. Roumain ne croie pas devoir prendre sur lui d'y répondre, il demandera de s'en référer au Président ; et pendant ce temps, la conférence restera suspendue ;

10° Le citoyen D. Doucet, Commissaire du Gouvernement près le Tribunal de Cassation de la République accompagnera le Colonel E. Roumain et l'assistera dans sa mission.

Fait à *Port-au-Prince, le* 24 *octobre* 1864.

Signé : GEFFRARD.

A peine les deux représentants du Président Geffrard étaient-ils arrivés à destination, qu'ils s'empressaient de faire connaître au général de division Philantrope Noel « aide de camp de Son Excellence le Président d'Haïti et Commandant provisoire de l'arrondissement de Fort-Liberté » le but de leur mission. Ce n'était pas par hasard que le général Noel se trouvait, justement à cette époque, en garnison dans le Nord, à proximité de notre ligne frontière. Il passait, en son temps, pour être un des meilleurs officiers généraux de l'Armée Haïtienne qui avait conservé encore intactes, dans une réorganisation minutieuse, les vieilles traditions de bravoure et de mordant de son ancêtre, l'armée indigène. Il avait été donc placé par le président d'Haïti, à la tête de l'arrondissement de Fort-Liberté, provisoirement, afin de surveiller de plus près la marche des événements qui se déroulaient dans la partie de l'Est avec ordre unique de maintenir, même par la force s'il en était besoin, la neutralité de la République dans la lutte sauvagement héroique que se livraient Espagnols et insurgés dominicains.

Par ses soins, son collègue dominicain, le général Pimentel, « chef de la Ligne Nord Ouest » avait été informé de l'importante nouvelle de l'arrivée à Ouanaminthe du colonel Roumain et du Commissaire du gouvernement en Cassation Décimus Doucet, en mission secrète pour compte du général Geffrard auprès du gouvernement provisoire de la République Dominicaine. Cette formalité préalable remplie, le Colonel Roumain, toujours de Ouanaminthe, adressait aux « chefs de l'armée dominicaine de Saint-Yague » la lettre dont il est parlé au paragraphe 4 des Instructions confidentielles dont il était porteur. Le modèle lui avait été remis, au moment de son départ de Port-au-Prince par le président d'Haïti en personne. Le général Pimentel, par courrier spécial, l'avait fait parvenir à Santiago de Los Caballeros, siège en ces temps de bataille du gouvernement national.

Ouanaminthe, le 31 octobre 1864.

Le Colonel Ernest ROUMAIN,
Chargé d'Affaires d'Haïti près du
Gouvernement des États-Unis,
Aide de Camp de Son Excellence
le Président d'Haïti.

A MM. les Chefs de l'Armée Dominicaine
à Saint-Yague.

Messieurs,

J'ai l'honneur de vous informer que Son Excellence le Président Geffrard m'a chargé d'une mission près de vous.

Cette mission a pour objet de m'entretenir, soit avec vous, soit avec celui d'entre vous que vous voudrez bien déléguer pour vous représenter, sur la situation actuelle de la partie de l'Est et de vous soumettre au nom de Son Excellence, personnellement, des propositions tendant à faire cesser les hostilités qui désolent cette partie et affligent tous les amis de l'humanité et à y rétablir la paix.

Il n'est pas besoin d'ajouter que les propositions dont il s'agit sont honorables et pour vous et pour vos adversaires.

Si vous êtes disposés à en prendre connaissance et à écouter les conseils amis que je suis chargé de vous transmettre, je me rendrai à un endroit de la frontière, et au jour et à l'heure que vous m'indiquerez.

J'attends votre réponse à Ouanaminthe, où je suis, près du Général Philantrope Noel.

Recevez, je vous prie, Messieurs, l'assurance de ma parfaite considération.

(S.) Ernest ROUMAIN.

Le 3 novembre, le général Pimentel s'empressait de porter à la connaissance de « MM. les Membres de la Commission du Président d'Haïti, Ouanaminthe » qu'une « commission » avait été formée par le Gouvernement provisoire dominicain dans le but d'avoir une entrevue avec eux et que celle-ci arriverait le lendemain à Laxavon. Le 4 novembre, en effet, le Colonel Roumain recevait sous forme, pour ainsi dire, de note verbale, la notification du choix qui avait été fait du général Pablo Pujol pour entendre ses communications. Le Représentant de Geffrard avait immédiatement donné rendez-vous au Général Pablo Pujol à Laxavon pour le 5 novembre, à neuf heures du matin.

Nous croyons devoir publier, en son entier, la communication officielle du Ministre des Finances dominicain. On ne saurait s'étonner que tenant par politesse castillane à écrire en français à l'envoyé haitien, il ait pris vis-à-vis de la langue française quelques vagues libertés. Il ne pouvait en être autrement, les héros de part et d'autre qui allaient s'entretenir, n'étant pas, par ces temps d'ind pendance, à quelques licences près.

A M. le Colonel Ernest ROUMAIN,
Chargé d'Affaires près du
Gouvernement des Etats-Unis,
Aide-de-Camp de Son Excellence
le Président d'Haïti.

Citoyen Colonel,

Le soussigné, commissionné par le gouvernement dominicain pour entendre les propositions que M. le Colonel Ernest Roumain, aide-de-camp de Son Excellence le Président d'Haïti, doit faire à son Gouvernement, au nom du Président Geffrard et rapport à mettre fin à la guerre qui existe entre la République Dominicaine et la Monarchie Espagnole, a l'honneur de présenter ses respects à M. le Colonel Ernest Roumain et en même temps lui prie de lui faire savoir le lieu, le jour et l'heure qu'il pourra s'entretenir avec M. le Colonel pour donner cours à sa mission.

Le soussigné est porteur d'une lettre que son Gouvernement adresse à M. le Colonel Ernest Roumain et qu'il aura l'honneur de lui remettre personnellement.

Le soussigné profite de cette occasion pour saluer Monsieur le Colonel avec la plus parfaite considération.

Signé : Pablo PUJOL.

Le samedi matin, 5 novembre, un peu avant l'heure

fixée pour l'entrevue, le Colonel Ernest Roumain, le Commissaire du Gouvernement près le Tribunal de Cassation Décimus Doucet, le général Philan-trope Noel, assistés du citoyen général Cabrera désigné par Pablo Pujol et le général Pimentel « Chef de la Ligne du Nord Ouest » pour accompagner les représentants du Président d'Haïti à Laxavon, franchissaient la frontière dominicaine. Les présenta-tions se firent de part et d'autre, et après quelques paroles de bienvenue, le Commissaire dominicain, Pablo Pujol, en remettant au colonel Roumain la réponse du Gouvernement provisoire dominicain à sa lettre du 31 octobre, se déclarait prêt à entendre les communications qu'avait à lui faire le délégué haïtien. Avant de prendre la parole sur ce qui faisait l'objet de sa mission, le colonel Roumain lut attentivement le document qu'il venait de recevoir. Il était ainsi libellé.

Cette fois-ci, le texte est en espagnol et c'est une traduction que nous publions comme nous le ferons, d'ailleurs, pour beaucoup d'autres documents.

GOUVERNEMENT PROVISOIRE
DE LA
RÉPUBLIQUE DOMINICAINE

Monsieur le Colonel Ernest ROUMAIN,
Chargé d'Affaires d'Haïti près le
Gouvernement des États-Unis,
Aide-de-Camp de Son Excellence le
Président d'Haïti.

Ouanaminthe.

Monsieur,

Le gouvernement a reçu votre obligeante lettre datée du 31 du mois expiré, et croit y répondre pleinement en députant près de vous le citoyen général Pablo Pujol, Ministre des Finances, qui, chargé de le représenter, entendra les propostions qu'au nom de Son Excellence le Président d'Haïti, vous avez mandé de lui transmettre, dans le but de faire cesser la guerre que soutient ce pays contre la Monarchie Espagnole. Il se flatte d'avance que les propositions dont il s'agit, seront honorables pour le peuple dominicain. Il a été donné connaissance au Président du Gouvernement qui se trouve actuellement en campagne, de la lettre à laquelle nous répondons.

Avec les sentiments d'une considération distinguée, nous nous souscrivons vos affectionnés serviteurs.

Santiago de Los Caballeros, le 3 novembre 1864, an 21e de l'Indépendance et 2º de la Restauration.

Le Vice-Président du Gouvernement, *Signé* : Ulysse F. Espaillat.

Le Ministre de la Guerre, *Signé* : J.-B. Curiel.

Le Ministre des Relations Extérieures, *Signé* : Manuel R. Oljio.

Le Ministre de l'Intérieur, *Signé* : Maximo Grullon.

Le Ministre des Finances, *Signé* : R.-N. Leyba.

Le Colonel Roumain était devenu plus impénétrable que jamais après avoir pris connaissance de l'importante lettre qu'il tenait entre ses mains. Il la classa dans son dossier et se mit à développer, avec son calme ordinaire, les directives que lui avait données le Président Geffrard dans « ses Instructions confidentielles. » Le général Pablo Pujol goûta fort les propostions qui lui furent faites, mais n'ayant point mandat pour traiter avec le représentant haïtien, n'étant venu à Laxavon que pour « écouter » il dut, pour le reste, s'en référer à son gouvernement.

L'entretien qui fut fort long, prit fin sur cette observation, et le colonel Roumain, Décimus Doucet, et le général Philantrope Nolë, toujours accompagnés du « citoyen général Cabrera » rentrèrent en Haïti en retournant à Ouanaminthe.

Deux jours de réflexion suffirent au représentant du général Geffrard pour tasser ses idées. Le 7 novembre, il expédiait une longue dépêche au Président d'Haïti. De son style clair et précis et de sa fine écriture, le Colonel Roumain raconte tout ce qu'il a fait, vu, entendu et compris.

Le général Philantrope Noël, entre temps, avait ajouté une nouvelle fonction à celles qu'il possédait déjà : il avait été élevé au rang de directeur secret des courriers du président d'Haïti et de son représentant en mission. Cette besogne de maître des postes n'allait pas sans lui donner de la tablature. Il s'en acquittait cependant, sans se plaindre, en bon militaire qu'il était et en fidèle serviteur de son pays. Passons la plume au colonel Roumain.

Ouanaminthe.

A S. E. le Président d'Haïti.

Président,

Par la lettre que nous eûmes l'honneur d'adresser à V..... sous la date du 31 du mois écoulé, nous lui annoncions que les généraux Prudhomme et Pimentel (ce dernier commandant en chef de la Ligne) nous avaient procuré l'avantage de faire passer immédiatement aux chefs de l'armée dominicaine la missive par laquelle nous leur faisions savoir notre arrivée en ce bourg et notre désir de communiquer le but et l'objet de la mission dont nous étions chargés, soit aux chefs eux-mêmes, soit aux délégués qu'ils voudraient bien envoyer auprès de nous, en désignant le jour, le lieu et l'heure où nous pourrions avoir une entrevue.

Trois jours après, nous reçûmes une lettre dont nous vous envoyons une copie sous ce couvert, à nous adressée par le général Pablo Pujol, Ministre des Finances, en date du 4 du courant, qui nous annonçait qu'il avait mandat de son gouvernement de venir entendre les propositions que nous avions à lui faire, nous priant de lui désigner le lieu et l'heure de notre réunion.

Comme déjà, pendant notre séjour en ce bourg, il nous avait été facile de découvrir combien le public, quoique ignorant le but de notre mission, semblait y manifester le plus vif intérêt, et que d'ailleurs nous supposions que le désir du rétablissement de la paix hautement demandée par quelques dominicains qui nous visitaient, pouvait exercer une heureuse influence sur l'esprit de leurs chefs, nous crûmes convenables de fixer Laxavon, située à quelques centaines de pas de Ouanaminthe, pour être le lieu de notre entrevue et de nos conférences, et nous nous y transportâmes samedi matin.

Impossible de vous dire l'accueil amical qui nous a été fait ; tous croyaient voir en nous le génie tutélaire qui venait les délivrer de tous leurs maux. Notre entrée à Laxavon fut presqu'une ovation.

Enfin, conformément à nos instructions, nous nous mîmes en rapport avec le général Pujol. Nous lui fîmes le tableau poignant de la situation actuelle de son pays ; les pertes énormes qu'elle a causées et qu'elle pourra causer dans la suite ; que cette situation pénible afflige le cœur ami de V. E. et l'a porté à venir personnellement donner aux Domini-cains, par notre organe, des conseils francs, sincères et loyaux, pour mettre une fin à cet état déplorable, sans compromettre l'honneur de leurs armes, ni leur orgueil national.

Le général Pujol nous écouta avec une vive atten-tion ; il ne nous fit aucune objection ; seulement il nous déclara qu'il y a peu de jours, son gouvernement avait formulé presque les mêmes propositions au gouvernement espagnol qui ne les avait pas acceptées, avec la seule différence qu'il demandait que les Espagnols abandonnassent trois des quatre points qu'ils occupent et qu'ils concentrassent leurs forces sur un seul point, pendant la cessation des hosti-lités.

Cependant, il parut goûter tout ce qui lui a été dit par nous. Il nous a même laissé entendre que son gouvernement ne serait pas trop éloigné de mettre à profit les bons conseils que Votre Excellence lui a donnés et que n'ayant aucun mandat de rien décider, mais seulement de venir écouser ce que nous avions à lui communiquer, il va s'en référer à son gouvernement. Nous lui fîmes la remise d'une copie de la lettre adressée au colonel Ernest Roumain par Votre Excellence et des articles sur lesquels doivent rouler les négociations avec le général en chef de l'armée espagnole.

Le général Pujol devait porter lui-même ces différents actes à son gouvernement, mais il a mieux aimé envoyer un express à Santiago les apporter et il en attend la réponse à Laxavon, car il désirerait nous assure-t-il, que nous fussions appelés par le Gouvernement à Santiago et il reste pour nous accompagner dans le cas que nous dussions y aller.

De sorte que selon toutes les probabilités, dans trois ou quatre jours, nous serons sur la grande route de Santiago.

D'après la tournure que prennent les affaires, nous avons le ferme espoir que nos efforts, Président, seront couronnés d'un heureux succès.

Votre Excellence recevra sous ce couvert la traduction de la lettre adressée par le gouvernement provisoire dominicain au Colonel Ernest Roumain et un N° du *Bulletin Officiel* du 30 du mois dernier, où elle lira un article extrait de *Las Novedades* journal publié à Madrid. L'auteur de cet article a presque les mêmes idées que vous, Président, à propos de la démarche qui se fait maintenant.

Nous avons l'honneur, Président, de vous saluer très respectueusement.

(S.) Ernest Roumain.

Le général Pablo Pujol n'attendit pas longtemps à Laxavon, les instructions qu'il avait sollicitées du gouvernement provisoire dominicain. Le 9 novembre, elles étaient en sa possession. Les chefs insurgés dominicains réclamaient la présence du colonel Roumain à Santiago de Los Caballeros. Le Ministre des Finances avait immédiatement informé le représentant du président Geffrard que ses prévisions s'étaient réalisées et lui demandait de bien vouloir se tenir prêt à partir pour la Capitale provisoire de la République Dominicaine. Le 10 novembre, à quatre heures du matin, la mission haïtienne se mit en route en compagnie de leur collègue dominicain. Après un voyage pénible, le cortège officiel faisait son entrée à Santiago de Los Caballeros. L'accueil de la population avait été des plus flatteurs et le gouvernement provisoire lui-même, dans la mesure de ses moyens, car il était en pleine bataille contre les Espagnols, avait manifesté aux représentants du général Geffrard toute sa chaude sympathie et toute sa reconnaissance. Le 13 novembre, le colonel Roumain recevait officiellement l'adhésion du gouvernement provisoire aux suggestions du Président d'Haïti par la dépêche suivante :

DIEU   PATRIE   LIBERTÉ

Gouvernement Provisoire
de la
République Dominicaine.

N° 20.

Section des Relations Extérieures
Santiago de Los Caballeros, le 13 novembre 1864, an 21e de l'Indépendance et le 2e de la Restauration.

A M. le Colonel Ernest ROUMAIN,
Aide-de-Camp du Président d'Haïti,
Chargé d'Affaires près
le Cabinet de Washington.

Santiago.

Monsieur,

Les soussignés, membres du Gouvernement provisoire de la République Dominicaine, bien pénétrés de la mission officieuse que Son Excellence le général Geffrard, Président d'Haïti, vous a confiée, et après avoir mûrement et attentivement médité les conseils amiables que par votre organe, il leur adresse comme étant une preuve de ses sentiments humanitaires, ont l'honneur de porter à votre connaissance que les dits conseils ont été accueillis avec la plus vive satisfaction.

Le Gouvernement de la République croit raisonnable et judicieuse l'opinion que Son Excellence le président Geffrard lui a transmise : c'est-à-dire qu'il doit déposer tout orgueil national et ne s'arrêter qu'à la considération des désastres qui sont les funestes conséquences de tout état de guerre et prendre l'initiative de trouver les bases d'une paix définitive entre l'Espagne et la République Dominicaine. Les soussignés sont bien convaincus que le cœur magnanime de S. M. C. ne sera pas insensible à la juste requête qu'on lui adressera.

En conformité de la décision prise par le Gouvernement, eu égard aux désirs du général Geffrard, en temps opportun, les soussignés rédigeront les propositions que, par votre entremise, Son Excellence a daigné indiquer.

En outre, cette intervention officieuse peut non seulement servir la sainte cause de l'humanité, mais encore les intérêts de l'Espagne aussi bien que ceux de la République Dominicaine. Ce que le général Geffrard nous offre est d'ores et déjà accepté et le plus grand désir du gouvernement est que les négociations qui doivent se faire avec le représentant de l'Espagne soient entreprises par sa personne.

La volonté du gouvernement est que vous portiez à la connaissance du général Geffrard tout ce qui vient d'être dit, en lui annonçant l'heureux résultat qu'a obtenu la mission dont vous êtes chargé. Ayez aussi la bonté de lui offrir, au nom du Gouvernement provisoire, l'assurance de l'estime et la gratitude qui en animent les membres envers sa personne.

Les soussignés se réjouissent beaucoup de voir

en cette ville, vous et Monsieur le Commissaire du gouvernement Décimus Doucet et appréciant hautement le choix qu'a fait le général Geffrard de vos personnes, en l'occurence, pour le représenter auprès d'eux.

DIEU ET LIBERTÉ.
G. Polanco.

Le Vice-Président,
(S.) Ulysse F. Espaillat.
Le Secrétaire d'État des relations extérieures
Manuel R. Objio.
Les Secrétaires d'État de la guerre
J. B. Curiel, Landi Oquando fils.
Les Secrétaires d'État des finances
P. Pujol, R. N. Leyba.
Le Secrétaire d'État de l'Intérieur, de la Justice
et de la Police
Maxime Grullon.

Nerveux, inquiet et parfois taciturne, Fabre Geffrard, du palais de la Présidence, réclamait impérieusement de son aide de camp, en service commandé des nouvelles de sa mission.

Le colonel Roumain put se rendre compte de l'état d'âme de son chef, lui qui le connaissait si bien, en recevant à Santiago de Los Caballeros, une lettre courte comme un ordre.

Elle vaut la peine d'être citée.

Cabinet particulier du
Président d'Haïti.

Port-au-Prince, le 12 novembre 1864,
an 61e de l'Indépendance.

> Au Colonel Ernest ROUMAIN,
> Aide-de-Camp de Son Excellence
> le Président d'Haïti,
> en mission à Ouanaminthe.

Colonel,

J'ai reçu avec plaisir la lettre que vous m'avez adressée à la date du 7 courant, ainsi que les pièces qui l'accompagnaient. J'attends avec une vive impatience de nouvelles informations sur la mission qui vous est confiée.

Recevez, Colonel, etc.

Geffrard.

Si la situation de la partie de l'Est était plutôt tragique en 1864, les désastres d'une guerre de libération n'avaient cependant en rien abattu le moral des dominicains : tout au contraire.

La jeunesse masculine de Santiago de Los Caballeros, abandonnant momentanément ses armes, s'était fait un vrai devoir par « sympathie et respect » d'organiser un bal, presque sous la mitraille espagnole, en l'honneur du colonel Roumain. Une invitation officielle lui avait été adressée à ce sujet. La réception devait avoir lieu le 14 novembre chez le senor Manuel Maria Curiel dont la demeure se trouvait à la « calle de las Rosas ». Le représentant du Président d'Haïti et son fidèle compagnon, le Commissaire Doucet, s'y rendirent en grande pompe. Là le colonel Roumain, élégant cavalier et quelque peu régence, avait soulevé l'admiration des dames qui s'y trouvaient. Le bal dura ce que durent les roses, un boulet espagnol, selon une tradition de famille, peut-être inexacte, ayant mis fin à la danse.

Les négociations diplomatiques, directement menées par le représentant haïtien avec le gouvernement provisoire de la République Dominicaine, entre deux méringues, avaient suivi leur cours. Le 18 novembre, le colonel Roumain recevait, accompagnant des « plis » cachetés destinés au général Geffrard et au lieutenant-général Jose de la Gandara, la première communication de « la Commission des Relations Extérieures du gouvernement dominicain. Le Ministre Manuel |R. Objio, vu l'urgence qu'il y avait pour son gouvernement de faire parvenir le plus vite possible « les plis » au Président d'Haïti n'avait guère eu le temps d'en donner copie au colonel Roumain. Il s'en était excusé et le général Pablo Pujol avait été chargé, quelques jours plus tard, le 22 novembre de réparer cette lacune. Il s'était acquitté de cette régularisation de procédure, pour ainsi dire, par la lettre que voici :

Monsieur,

J'ai la satisfaction de vous remettre, ci-joint, une copie légalisée des instructions passées à Son Excellence le Président Geffrard, dont nous parlions hier soir.

Agréez, Monsieur, l'assurance de ma parfaite considération

Signé : Pablo Pujol.

Monsieur le Colonel Ernest ROUMAIN,
    Aide-de-Camp de Son Excellence le
        Président de la République.

La bataille pendant ce temps, battait son plein, sur les lignes Est et Sud. Des succès y avaient été obtenus sur les troupes castillanes par l'armée dominicaine. Ces bonnes nouvelles étaient à peine arrivées à Santagio de Los Caballeros que le gouvernement provisoire s'empressait de les porter à la connaissance du colonel Roumain « comme preuve de considération ».

Voyons un peu quelle était la nature de ces succès et lisons le bulletin de victoire de « la Commission des Relations Extérieures ».

DIEU   PATRIE   LIBERTÉ

Gouvernement provisoire
de la
République Dominicaine.

N° 32.

Commission des Relations Extérieures.

Santiago de Los Cabqlleros, le 23 novembre 1864, an 21 de l'Indépendance et 2e de la Restauration.

Monsieur,

Mon gouvernement a décidé de porter à votre connaissance les nouveaux succès que les armées dominicaines ont obtenus sur la ligne de l'Est et sur celle du Sud.

Suivant les rapports reçus du distingué général Manzueta, le Gouvernement a été informé que les Espagnols ont évacué la ville de San Atonio de Guerra, en y laissant une garnison de troupes coloniales (dominicaines) qui s'est empressée de descendre le pavillon espagnol et de hisser le drapeau dominicain, faisant remise de la place, des armes et des munitions. Immédiatement fut lancée une colonne (de troupes dominicaines) à la poursuite de l'ennemi qui s'éloignait par le chemin difficile de la

Caleta, où il souffrit des pertes considérables. Nous attendons des détails.

Dans la province d'Azua, une colonne (de troupes espagnoles) tenta un débarquement à l'endroit dénommé Fondacion sous la protection de deux bateaux de guerre qui canonnaient nos postes avancés ; mais la colonne ennemie fut complètement battue et repoussée.

Mon gouvernement croit que vous devez être mis au courant de ces nouvelles comme preuve de considération.

Dieu et Patrie.

La Commission des Relations Extérieures.

Signé : Manuel R. Objio.

Le Colonel Ernest ROUMAIN,
Aide-de-Camp du
Président de la République d'Haïti.

Que pouvait bien être la nature « des instructions passées à Son Excellence le Président Geffrard » (sic) pour parler comme le Pablo Pujol? Il serait intéressant pour nous de les connaître. La copie qui en avait été donnée au colonel Roumain va nous renseigner pleinement sur ce point. Le gouvernement provisoire de la République Dominicaine ne partageait pas toutes les vues du Président d'Haïti sur la marche des négociations à suivre. Il avait corrigé « les instructions confidentielles » de Geffrard. Voyons un peu ses directives nouvelles.

A. S. E. Fabre Geffrard,
Président d'Haïti.

Le Gouvernement provisoire de la République Dominicaine, dans l'espoir que S. E. acceptera le rôle d'intermédiaire officieux dans les rapports que S. E. le Lieutenant-Général M. Jose de la Gandara, chef des forces espagnoles ou son représentant, doit avoir avec V. E. a formulé les présentes instructions confidentielles dans lesquelles V. E. voudra bien se renfermer :

1º V. E. peut solliciter de M. le Lieutenant-Général de la Gandara une trève ayant pour condition principale la suppression du blocus.

2º Elle proposera un échange de prisonniers, et s'il est accepté, il aura lieu, suivant les instructions de V. E. qui devra avoir toujours présent ce point, à savoir que les Espagnols n'ont presque pas de prisonniers politiques ; alors que les Dominicains ont beaucoup de prisonniers de guerre et seulement deux prisonniers politiques. Cependant, le gouvernement provisoire ne voulant présenter aucun obstacle à un arrangement, mais plutôt le faciliter, accepte l'échange des prisonniers quoique disproportionné, comme il est indiqué plus haut. Il désire qu'il soit effectué sur un point du territoire d'Haïti

3º V. E. fera connaître au Lieutenant-Généra. que le Gouvernement provisoire est disposé à provoquer un plébiscite pour soumettre au peuple dominicain la question de savoir s'il veut ou non son indépendance ; et conformément au résultat obtenu, il sera adressé une supplique à S. M. C. Mais d'ores et déjà, le Gouvernement provisoire n'accepte pas de votation dans les villes ou villages occupés par les forces espagnoles, ou qui seraient sous leur influence.

4º Il est recommandé d'obtenir que le blocus cesse, parce qu'il est de droit que, une trève obtenue, tout doit demeurer dans le même état. Il est naturel que si les Espagnols puissent ravitailler leur garnison de l'intérieur, les dominicains doivent pouvoir. aussi se ravitailler à l'extérieur, car il ne faut pas perdre de vue que la cessation des hostilités à l'intérieur est plus avantageuse à l'ennemi qu'à nous la cessation du blocus qui ne fait souffrir que les prolétaires : d'où cessation d'hostilités à l'extérieur, et cessation du blocus, qui est ce qui nous fait souffrir le plus.

5º Pendant la trève, pas de communication entre les deux camps. Les soussignés ont l'honneur de réitérer à V. E. que les présentes instructions sont purement confidentielles et se souscrivent de V. E. les très dévoués serviteurs.

Dieu et Patrie

Santiago de Los Caballeros, le 18 *novembre* 1864.

Le Président : (S) Gaspar POLENCO.
La Commission des Relations Extérieures :
Manuel R. OBJIO.
Les Secrétaires d'État de Finances :
P. PUJOL, M. LEYBA
Œ. PUJOL, M. LEYBA
Le Secrétaire d'État de l'Intérieur :
Maxime GRULLON.
Les Secrétaires d'État de la Guerre :
J.-B. CURIEL, CANDELARIO, OQUENDO.

Pour copie conforme.

Santiago, le 2 *décembre* 1864.

Le chef de la négociation :
D.-A. RODRIGUEZ.

Le Colonel Roumain, en lisant officiellement

— car il les connaissait officieusement — les instructions passées au Président d'Haïti, a dû certainement
se demander, après réflexion, si tout le Gouvernement
provisoire dominicain n'était pas devenu fou. Il
est certain que les chefs héroïques qui conduisaient
l'armée dominicaine à la victoire avaient bien plus
le sentiment de la guerre que le sens de la diplomatie.

On verra d'ailleurs plus loin que le général Geffrard
prit assez mal « les instructions confidentielles » dans
lesquelles il devait se renfermer.

Mais revenons à la première quinzaine de novembre.
Le 14, le représentant du Président d'Haïti avait
accusé réception au gouvernement provisoire dominicain de la lettre par laquelle il lui faisait savoir
qu'il avait accepté les propositions que lui, le colonel
Roumain, avait été chargé de transmettre aux chefs
insurgés dominicains, de la part de Son Excellence
le Général Geffrard.

La réponse du commissaire haïtien ne manque
pas de dignité. Reproduisons-là pour l'histoire.

Santiago de Los Caballeros, le 14 novembre 1864.

A Messieurs les Chefs de l'Armée Dominicaine.

Messieurs,

J'ai l'honneur de vous accuser réception de la
dépêche que vous m'avez adressée sous la date
d'hier, pour m'annoncer que vous avez favorablement
accueilli et accepté les propositions que je vous ai
transmises de la part de Son Excellence le Général
Geffrard, dans le but de mettre une fin honorable
à la lutte sanglante et désastreuse que vous soutenez
avec tant de courage et de résignation.

De plus, vous me communiquez votre désir que Son Excellence le général Geffrard soit votre intermédiaire dans les négociations que vous comptez entamer avec le gouvernement de l'Espagne.

J'apprends avec plaisir, Messieurs, cet heureux résultat de ma mission ; je m'empresserai de le transmettre à Son Excellence le général Geffrard qui appréciera hautement la sagesse et la modération dont vous faites preuve en écoutant ses conseils amis et sa voix conciliatrice.

Je désire ardemment que vos vœux les plus chers soient enfin accomplis, afin qu'à l'ombre de la paix et sous l'égide de la Providence, vous puissiez développer les richesses de votre patrie, réparer ses malheurs et reconstruire vos villes, dont nous avons contemplé avec un sincère regret les tristes décombres.

Avant de terminer, permettez-moi, Messieurs, de vous remercier bien cordialement des expressions bienveillantes que vous nous adressez, pour ce qui a trait au choix que Son Excellence a fait de nous pour le représenter auprès de vous. Tout en obéissant avec empressement aux ordres de notre chef, nous avons aussi cherché à réaliser un désir personnel : celui de contribuer, selon nos faibles moyens, au retour de la paix et de ses heureuses influences chez un peuple voisin pour lequel nous avons toujours eu les plus vives sympathies.

J'ai l'honneur, Messieurs, de vous renouveler l'assurance de la parfaite considération, avec laquelle, je demeure,

Votre très humble et dévoué serviteur.

(S.) Ernest ROUMAIN.

Le 17 novembre, heureux des succès qu'il venait

d'obtenir, le colonel Roumain écrivit longuement au Président d'Haïti. Il n'avait pas flâné depuis qu'il était à Santagio de Los Caballeros : Fabre Geffrard pouvait être fier de son aide de camp. Laissons-le faire le récit des premières négociations qu'il eut avec le gouvernement provisoire dominicain.

Santiago de Los Caballeros, le 17 *novembre* 1864.

A Son Excellence le Président d'Haïti,

Port-au-Prince.

Président,

Lorsque nous eûmes l'honneur de vous écrire la semaine dernière de Ouanaminthe, sous la date du 7 du courant, nous vous disions qu'il était très probable que nous serions appelés à Santiago, par le gouvernement provisoire. Nos prévisions se sont réalisées. A la date du 9 du même mois, le général Pujol, d'après les ordres qu'il avait reçus, nous invita à nous y rendre, et voulut bien être lui-même notre compagnon de voyage.

Nous partîmes le 10 au matin et le 12 nous étions dans la ville de Santiago, qui, de florissante qu'elle était jadis, n'offre malheureusement aujourd'hui aux regards attristés qu'un monceau de ruines et de décombres. Triste et déplorable effet de la lutte dominicano-espagnole.

Le même jour de notre arrivée, nous fûmes reçus par les membres du gouvernement réunis en conseil. Ici, de même qu'à Laxavon, nous développâmes et appuyâmes les propositions de V. E. et nous répondîmes à plusieurs autres questions des gouvernants dominicains.

Après un long entretien, les membres nous déclarèrent qu'ils acceptaient les conseils de V. E. mais qu'il leur restait un doute : c'était celui de savoir si les engagements qu'ils contracteraient avec le lieutenant-général des forces espagnoles seraient fidèlement exécutés par lui. Nous avons combattu cette prévention autant qu'il nous a été possible, mais sans aucun succès.

Voyant que nous ne pouvions leur inspirer aucune confiance dans le lieutenant-général, nous eûmes alors recours au moyen que nous laissaient nos instructions, de leur offrir les bons offices de V. E. s'ils n'aimaient mieux agir par eux-mêmes.

Cette offre a paru plaire et convenir aux plus méfiants. Ils nous promirent de nous faire passer leur réponse définitive, après mûre délibération.

Leur dépêche du 13 du courant dont nous vous envoyons ci-inclus une copie, nous annonce enfin que les propositions sont acceptées, ainsi que les offres obligeantes de V. E. qu'ils choisirent pour être leur intermédiaire dans les négociations. Vous verrez, ci-inclus, Président, la réponse que nous fîmes à cette dépêche sous la date du 14. Ils nous donnèrent immédiatement communication de la dépêche qu'ils doivent adresser à Votre Excellence ainsi que des pleins pouvoirs qu'ils lui expédient pour les représenter dans les négociations. Nous prîmes aussi connaissance de celle qu'ils adressent au Général de la Gandara et qui doit lui être envoyée par votre entremise. Nous crûmes nécessaire d'y faire un léger amendement qui a été accepté. Tous ces documents vous sont acheminés sous ce couvert.

Depuis notre séjour en cette ville, nous recevons successivement la visite du général Polanco, président du Gouvernement provisoire, de M. Espaillat, vice-président et des autres membres du Gouvernement.

Le peuple entier nous a manifesté la plus vive sympathie et apprécie à un degré éminent la mission providentielle dont vous nous avez chargés.

Les visites furent ponctuellement rendues par nous. Une soirée, pendant que nous étions chez le général Polanco, il nous conseilla de ne pas partir d'ici avant le retour de cet exprès que nous vous faisons ; afin que si V. E. avait quelque amendement à proposer aux documents que nous lui envoyons ce jour, nous puissions nous trouver sur les lieux pour avoir de plus faciles communications avec eux. Ce conseil étant d'accord avec ce que nous avions déjà résolu, nous n'hésitâmes pas à y obtempérer.

Nous attendons donc avec anxiété le retour de notre courrier pour avoir les derniers ordres que V. E. aura la bonté de nous envoyer. Nous serions vraiment heureux, Président, si le résultat que nous avons obtenu pouvait mériter votre approbation.

Avant de terminer, nous ne pouvons taire à V. E. l'accueil tout bienveillant qu'on nous a fait tant à Laxavon qu'ici. Nous en sommes réellement confus. Ces messieurs, dont la ville offre encore l'aspect déchirant des calamités qui l'ont désolée, ne se contentent pas de nous loger et de nous nourrir à leurs frais, mais encore nous accablent chaque jour d'offres obligeantes de toutes sortes. Nous garderons longtemps le souvenir de la bienveillante attention dont nous avons été l'objet.

Nous prions V. E. de croire à notre invariable dévouement et à notre profond respect.

Ernest ROUMAIN.

Le colonel Roumain venait de terminer sa dépêche au Président d'Haïti quand il reçut de nouvelles communications officieuses du gouvernement provisoire dominicain. Elles étaient, de par leur nature, d'une certaine importance. Les chefs insurgés dominicains voulaient expédier à Port-au-Prince une délégation dans le but d'apporter au général Geffrard les remerciements du peuple dominicain pour la conduite désintéressée qu'il avait eue à son égard. Cet acte de reconnaissance accompli, la délégation devait, en outre, attendre à la capitale d'Haïti le résultat de l'appel au peuple qui allait être fait selon l'article D-4 des propositions du Président d'Haïti contenues dans les « instructions confidentielles » remises au colonel Roumain, et le cas échéant, faire aboutir à Madrid la supplique qui devait être destinée à Sa Majesté la Reine.

Ce projet était pour le moins délicat, l'Espagne pouvait être soupçonneuse et douter de la bonne foi du général Geffrard si celui-ci venait à accueillir ouvertement sur son territoire et à la Capitale de la République des émissaires d'insurgés dominicains. Et puis, quel accueil devait-on faire à cette commission, surtout si l'on se rappelle que le gouvernement provisoire dominicain n'était reconnu de personne et encore moins de l'État d'Haïti. Le colonel Roumain se posait ces questions sans oser y répondre : aussi, pour cela il s'était adressé à son chef, en lui demandant des instructions précises.

Sur la première communication du gouvernement provisoire dominicain s'était greffé le récit du cas d'un sieur Moreu, citoyen haïtien, qui avait été incarcéré par les dominicains sous la grave accusation d'être vendu à l'Espagne, et de tout épier pour elle, en territoire dominicain. Le sieur Moreu avait protesté de son innocence et sollicité du colonel Roumain, aide et assistance, afin d'obtenir sa libération et lui permettre d'aller rejoindre sa famille à Port-au-Prince. Le gouvernement provisoire dominicain se faisait tirer les oreilles, ne voulant rien savoir ; le sieur Moreu, à son point de vue, n'était guère intéressant, ayant été ramassé sur la frontière comme espion espagnol. Il avait déclaré, cependant, que si le général Geffrard y tenait, il libérerait le sieur Moreu, uniquement pour lui faire plaisir et au cas, bien entendu ou ce dernier ne serait pas dangereux pour le gouvernement haïtien.

Le représentant du général Geffrard, dans toute cette affaire, avait cru à un malentendu. D'après lui, le sieur Moreu s'occupait de coupes de bois d'acajou sur la frontière haïtiano-dominicaine : et rien de plus. Quoi qu'il en soit, il attendait, sur ce point encore, le mot du président d'Haïti ; et c'est ainsi qu'il lui était arrivé d'écrire au général Geffrard un autre rapport le 17 novembre 1864.

Le 19 novembre, selon ce qui avait été convenu, le colonel Roumain recevait, toujours officiellement de « La Commission des Relations Extérieures » une copie de la lettre que le gouvernement provisoire dominicain devait envoyer au lieutenant-général de la Gandara y Navarro par l'intermédiaire de Son Excellence le général Geffrard, dans le but de faire des propositions de paix. Le document, le commissaire haïtien le connaissait déjà et pour cause, pour avoir tant soit peu collaboré à sa rédaction. La prose haitiano-dominicaine a belle allure, jugeons-en : le général Geffrard plus que jamais devenait l'arbitre des destinées dominicaines. Il est à noter cependant, que l'original de cette dépêche est en langue espagnole et que nous avons conservé, sans vouloir y rien changer, dans un but d'exactitude historique, sa traduction telle que nous l'avons trouvée dans le dossier de la mission Roumain.

Gouvernement provisoire
de la
République Dominicaine.

Excellence,

Les soussignés, membres du Gouvernement provisoire de la République Dominicaine, ont l'honneur d'annoncer à Votre Excellence que le premier de ce mois s'est présenté à Ouanaminthe, une commission haïtienne composée de M. le Colonel Ernest Roumain et de M. le Commissaire du Gouvernement Décimus Doucet, laquelle fit remise à ce Gouvernement de la copie d'une dépêche de S. E. le général Geffrard, président d'Haïti, adressée à la sus-dite Commission, et dans laquelle après avoir déploré les désastres résultant de la guerre qui afflige ce sol infortuné, guerre qu'il se voit obligé de contempler avec impassibilité, lié qu'il est pas les devoirs de la neutralité tracée par les lois internationales, il recommande à ladite Commission de leur faire entendre d'une manière officieuse que, mettant un peu de côté l'orgueil national, ils fassent une seconde démarche près de V. E. Il leur donnait l'assurance qu'on ne pourrait guère mal interpréter leurs sentiments, si, écoutant la voix de la raison, ils tentaient de terminer la guerre par des moyens pacifiques. D'ailleurs l'unanimité des aspirations du peuple dominicain pour l'Indépendance ne saurait être mise en discussion. Et le général Geffrard leur faisait, en outre, la conviction que le Gouvernement Espagnol n'entend pas leur faire une guerre de conquête et d'extermination, mais seulement conserver intacts la dignité et l'honneur de ses armes. Ainsi, S. E. le Président Geffrard leur propose par l'entremise de sa délégation, pour mettre fin à la lutte domicano-espagnole, en rétablissant dans leur patrie le régime de la paix, après certaines propositions préalablement faites, d'adresser un exposé à S. M. C. dans la ferme croyance que le cœur magnanime de la Reine ne restera pas insensible au vœu d'un peuple aussi héroïque qu'infortuné.

Les propositions dont les soussignés veulent parler sont les suivantes :

1º Le Gouvernement provisoire, au nom du peuple Dominicain, proposera à M. le Lieutenant-Général, chef des forces espagnoles, qui opèrent sur ce territoire une trève et une suspension du blocus, afin de consulter le peuple dominicain sur sa volonté de maintenir, ou non, la restauration de la République Dominicaine ;

2º La trève étant convenue, l'échange des prisonniers de guerre s'en suivra immédiatement ;

3º Après le plébiscite, le Gouvernement provisoire de la République adressera, eu égard à son objet, un exposé à S. M. C ;

4º Les hostilités, y compris le blocus, resteront suspendues tout le temps que dureront les négociations. Chaque partie demeurera dans le statu-quo, conservant les points qu'il occupait au moment de la conclusion de la trève, sans qu'aucun d'eux puisse reprendre l'offensive avant un avis préalable et un intervalle de quinze jours, à compter du moment où le Gouvernement provisoire aura accusé réception de la notification officielle de la cessation de la trêve, ou vice-versa, lorsque les chefs espagnols auront accusé réception de la notification que leur aura faite le Gouvernement Dominicain que les négociations sont rompues.

Ainsi, les soussignés, d'accord avec la pensée du général Geffrard, soumettent à votre appréciation les susdites propositions.

Le Gouvernement provisoire, dans le but d'éviter tout retard, a jugé opportun de donner ses pleins pouvoirs à S. E. le Président de la République d'Haïti, pour qu'en représentant ses droits, il ait la bonté de donner suite aux négociations qui doivent s'entamer. Le Gouvernement est animé du fervent désir de voir V. E. approuver le choix qu'il a fait de la personne du général Geffrard et accueillir à la fois avec bienveillance, aussi bien les désirs de son conseiller et de son intermédiaire, que ceux qui enflamment le Gouvernement provisoire, de voir terminer la guerre sanglante qui divise aujourd'hui les dominicains et les espagnols, guerre à laquelle, soit dit en passant, ni l'un ni l'autre peuple n'ont donné naissance.

Les soussignés présentent à V. E. l'assurance de leur considération.

(S) le Président du Gouvernement, G. Polanco ; le vice-président Ulysse F. Espaillat ; le ministre des Relations Extérieures, Manuel R. Objio ; le ministre de l'Intérieur et de la Justice, Maxime Grullon ; le ministre de la Guerre, J.-B. Curiel ; les ministres des Finances, P. Pujol, R. Maxime Leyba.

Santiago de Los Caballeros, le 18 novembre 1864,
an 21ᵉ de l'Indépendance et 2ᵉ de la Restauration

A Son Excellence
on José de la Gandara Y Navarro,
Lieutenant-Général en chef
des forces espagnoles.
Santo Domingo.

Le 20 novembre, pour varier ses plaisirs, le colonel Roumain s'en allait en voyage dans la province de la Vega en compagnie de deux ministres dominicains, Grullon et Leyba et de MM. Deetjen et Glas.

Où était, pendant ce temps, le Commissaire Doucet? Il ne fut, sans doute pas de la tournée officielle, ce qui a dû lui permettre, selon toutes les probabilités, de rester à Santiago de Los Caballeros et de recevoir, s'il était besoin, les nouvelles communications qui auraient pu venir du gouvernement provisoire dominicain.

En effet, ce jour là, le représentant du président d'Haïti, à peine parti, un pli cacheté était arrivé à l'adresse du colonel Roumain. Le document n'était qu'une requête adressée au représentant du Président d'Haïti, par un frère maçon, le général Pedro Exequiel Guerrero qui se trouvait en fort mauvaise posture vis-à-vis du gouvernement provisoire de la République dominicaine. Son cas était pour le moins sérieux, et les chefs insurgés dominicains l'avaient tout bonnement traduit devant un conseil de guerre, à telles fins que de droit.

Dans tous les pays du monde, les conseils de guerre ne font, pour la plupart du temps, que condamner et le peloton d'exécution est presque toujours au bout de leur sentence.

Donc, le général Pedro Exequiel Guerrero avait

des raisons majeures, en ce mois de novembre 1864, pour ne pas voir la vie en rose. Se sentant perdu, il s'était adressé, en dernier recours, au colonel Ernest Roumain, frère comme lui en humanité et grand franc-maçon, paraît-il, devant l'Éternel. Le cas du général en lui-même était mauvais, il avait commandé pour les Espagnols, la place de Monte-Christi ; mais pour son plus grand malheur, cette ville ayant été prise d'assaut par les troupes dominicaines, il avait été fait tout bêtement prisonnier. Comme il était créole de Saint-Domingue, pour y être né, le gouvernement provisoire dominicain, qui ne plaisantait pas, l'avait considéré comme traître à la cause nationale pour avoir pris le parti de l'envahisseur. A ses yeux, il était un dangereux suppôt de l'Espagne dans la partie de l'Est et devait rendre compte par conséquent de ses actes au peuple dominicain.

L'infortuné général demandait au colonel Roumain, se sentant perdu, d'intervenir en sa faveur pour qu'il soit traité par les chefs insurgés dominicains comme prisonnier de guerre et échangé. Il est à supposer qu'après délibération avec le commissaire Doucet, le colonel Roumain a dû classer la supplique dans ses archives, trop bon diplomate qu'il était, pour faire un pas de clerc, en intervenant ouvertement dans une affaire, somme toute de famille, qui ne le regardait nullement, Il a dû faire, nous en sommes convaincu, quelques démarches personnelles, et uniquement dans un but d'humanité, en faveur du prisonnier. Les documents de la mission Roumain ne disent pas la suite de cette tragique histoire, mais le général Pedro Exequiel Guerrero, par ces temps d'exaspération populaire et de guerre au couteau, a dû être, par ses congénères, congrument fusillé.

Le 23 novembre, le Colonel Roumain, qui était revenu de sa tournée, recevait une dépêche du Ministre des Relations Extérieures, R. Objio, par laquelle il portait à sa connaissance les nouveaux succès qu'avaient obtenus les armées dominicaines sur les troupes du général de la Gandara y Navarro. Il en avait pris « bonne note » et le lendemain 24 novembre, il en avait remercié le ministre. Le 25, il faisait au général Geffrard, un rapport sur les dernières dispositions militaires que comptait prendre le gouvernement provisoire dominicain, contre les espagnols. Il expliquait au président d'Haïti le thème des opérations commencées contre les troupes castillanes et les résultats stratégiques qui devaient être obtenus avant la cessation de la lutte armée par « la trêve » bientôt espérée. Le colonel Roumain va nous servir de cicerone en l'occurence. Voici la lettre :

Santiago de Los Caballeros, le 25 novembre 1864.

A Son Excellence le Président d'Haïti
               Port-au-Prince.

    Président,

Nous avons eu l'honneur de recevoir la lettre que Votre Excellence nous a adressée le 12 courant, responsive à la nôtre du 7.

Depuis, nous avons terminé nos relations avec le Gouvernement Dominicain et nous vous avons expédié tous les documents par un exprès qui est parti la semaine dernière, le 17, et nous attendons ici vos derniers ordres.

En vertu de la trêve qui doit avoir lieu, par suite

des négociations, les dominicains s'efforcent de gagner le plus de terrain possible et de voir s'ils peuvent renfermer les Espagnols dans un tout petit espace. C'est à quoi aboutissent les opérations du général Mansueta sur la ligne du Sud où il fait des progrès rapides et immenses.

Dans le courant de ce mois les communes de Natto Major, de Lanos et de Guerra, situées entre Santo-Domingue et Leyba, ont été enlevées aux Espagnols. Le général Polanco devait y aller pour diriger en personne les mouvements militaires, mais il a mieux aimé différer son départ jusqu'à la réception de la réponse de Votre Excellence à notre dernière communication du 17.

Nous vous prions, Président, de croire à notre profond respect et à notre sincère dévouement.

(S.) Ernest Roumain.

Le 7 décembre, le Ministre des Relations Extérieures accusait réception au colonel Roumain, sous la signature d'un M. D.-A. Rodriguez « premier officier », de la note qu'il venait de recevoir et sous le couvert de laquelle se trouvaient des « documents ».

Deux jours auparavant, en effet, le commissaire haïtien avait reçu, grâce aux diligences du général Philantrope Noël, un important courrier de Port-au-Prince. Fabre Geffrard n'en avait pas cru ses yeux en lisant les instructions que le gouvernement provisoire dominicain avait passées. Il en était resté muet d'étonnement. Les chefs insurgés dominicains avaient eu l'outrecuidance de lui passer des ordres en modifiant ses directives diplomatiques. Le Président de la République d'Haïti qui, d'ordinaire ne tenait pas en place, était entré, pris d'une sainte indignation, dans une violente colère. Ses nerfs, tant soit peu apaisés, il s'était avisé de dresser pour le colonel Roumain, de nouvelles instructions très précises, avec ordre formel, de remettre sans retard à ceux qui les lui avaient expédiées, les directives qu'on avait si cavalièrement passées à sa personne.

Le représentant du Président d'Haïti avec son calme ordinaire avait exécuté à la lettre, les instructions de son chef, en retournant sous le couvert d'une dépêche plutôt sèche au gouvernement provisoire dominicain, les malheureux documents qui avaient si malencontreusement soulevé la colère présidentielle. Le gouvernement provisoire dominicain fut fortement décontenancé par la brusque attitude que le général Geffrard venait de prendre. L'incident certainement était en lui-même fâcheux, mais en réalité le président d'Haïti n'avait nullement l'intention de briser les vitres. Tenant beaucoup, en toutes choses, à la forme, il avait voulu qu'elle fût respectée à son égard.

Dans ses nouvelles instructions à son aide-de-camp, instructions tout en nuances, il avait rentré ses angles, dit les conditions dans lesquelles il pourrait représenter dans les négociations avec le général en chef de l'armée espagnole le gouvernement provisoire dominicain, donné de bons conseils politiques aux insurgés de la partie de l'Est ; enfin, il avait terminé cette longue dépêche, en faisant à nos voisins un beau cours de droit international public. Le document ne manque pas d'ironie et de mordant. On sent à chaque ligne l'homme d'Etat qui sait prévoir les événements de loin. Découvrons-nous, bien bas ; et religieusement laissons parler Son Excellence le général Geffrard, sans l'interrompre.

Cabinet particulier
du Président d'Haïti.

Port-au-Prince, le 28 novembre 1864,
an 61ᵉ de l'Indépendance.

Au Colonel Ernest ROUMAIN,
Aide-de-Camp du Président d'Haïti
et Chargé d'Affaires d'Haïti à Washington.

Mon cher Colonel,

Je n'ai reçu que vendredi, dans la soirée, la lettre que vous et le Commissaire Doucet m'avez adressée de Santiago de Los Caballeros sous la date du 17 novembre courant, ainsi que les documents qui se trouvaient sous le même pli, à savoir :

1° Une lettre à mon adresse signée de Messieurs les chefs dominicains et datée du 18 novembre ;

2° Une note portant la même date et les mêmes signatures et contenant des instructions confidentielles en vue des négociations de la réconciliation projetée entre les Espagnols et les Dominicains ;

3° Un acte en date du 15 novembre contenant des pouvoirs pour représenter Messieurs les chefs dominicains dans les mêmes négociations ;

4° Une dépêche adressée par ces messieurs au général de la Gandara cachetée, pour être acheminée à son adresse ;

5° Et une copie qui a été communiquée de cette dépêche.

J'ai éprouvé une vive et sincère satisfaction en apprenant par la lecture des documents que la mission amicale et tout officieuse que je vous ai confiée près des chefs de l'insurrection dominicaine, pour leur conseiller de prendre l'initiative d'une proposition de réconciliation avec l'Espagne a été favorablement accueillie. En faisant cette démarche personnelle, j'avais compté sur leur sagesse et leur patriotisme ; mon espoir n'a point été trompé. Grâces soient rendues à la Providence qui les a inspirés.

Vous m'annoncez que plutôt que de s'en charger directement, ils ont préféré me confier personnellement le soin de négocier avec le Capitaine Général espagnol les conditions de la trêve qui doit précéder les conclusions de la paix définitive.

Je suis très sensible à cette marque de confiance de leur part, mais je ne puis l'accepter qu'à deux conditions dont ils comprendront facilement l'importance.

La première : c'est que nous soyons préalablement parfaitement d'accord sur les termes de la proposition à faire au général de la Gandara.

La deuxième : c'est que leur « consentement » à ouvrir les négociations et non pas leur « mandat », me soit donné sous une forme que je puisse accepter et qui me permette d'interposer mes bons offices entre eux et le Capitaine-général espagnol, sans préjudice pour mon caractère officiel, mes devoirs comme chef d'Etat et la position de neutralité imposée à la République d'Haïti.

MM. les Chefs dominicains ont consenti, d'après mes conseils, à prendre l'initiative d'une proposition de réconciliation avec l'Espagne, mais ils ont jugé à propos de modifier les conditions et les termes de la proposition que je vous avais chargé de leur soumettre. Je regrette qu'ils n'aient point accepté ma proposition dans les termes qu'elle leur a été soumise.

Il est donc nécessaire que vous vous mettiez d'accord avec eux sur les modifications qu'ils proposent. Elles sont trop importantes pour avoir échappé à votre attention et vous n'avez dû les accueillir que sous la réserve d'être examinées.

Pour prendre cet exposé plus clair, je crois utile de rétablir d'abord ici, les termes de ma proposition personnelle :

1° *a*) Les Dominicains proposeront d'abord au capitaine-général une suspension d'hostilités qui sera motivée par leur désir de faire un appel au peuple dominicain pour savoir s'il veut la paix, ou non, et pour ensuite adresser une supplique à Sa Majesté la Reine ;

2° *b*) La suspension d'hostilités serait immédiatement suivie de l'échange des prisonniers ;

3° *c*) Après l'échange des prisonniers, il serait procédé à l'appel au peuple ;

4° *d*) Si cet appel est favorable à la paix, une supplique serait adressée à Sa Majesté la Reine ;

5° *e*) Les hostilités resteront suspendues pendant toute la durée des négociations, chaque parti restera dans le *statu quo* et gardera les positions qu'il occupait au moment de la cessation des hostilités.

6° *f*) Si le capitaine-général recevait l'ordre de son gouvernement de reprendre l'offensive ou bien si l'appel au peuple dominicain n'était pas favorable à la paix, dans l'un ou l'autre cas, les hostilités ne seront reprises qu'après un avis et un intervalle des quelques jours.

Ma proposition comprend six points ; celle formulée par MM. les Chefs dominicains ne se compose que de cinq points. Cette première (différence) vient de ce que le paragraphe de ma proposition côté E n° 5 a été complètement supprimée dans leur formule.

Je vais en rapprochant chacun des points de ma proposition de la proposition dominicaine, vous signaler les modifications qui les différencient, en vous indiquant, en même temps, celles de ces modifications qui peuvent être acceptées et celles qui sont inadmissibles :

Proposition *a*. 1° Dans cette proposition, le double but de la demande de suspension d'hostilités est exprimé. C'est d'abord un désir de faire un appel au peuple dominicain, et ensuite la promesse d'adresser une supplique à Sa Majesté la Reine. Pourquoi supprimer cette déclaration qui est la base première de la négociation?

Elle est reproduite il est vrai, dans la proposition, mais avec des modifications. Elle doit être formulée tout d'abord et maintenue à la place qu'elle occupe dans ma proposition comme étant à la fois et le point de départ et le but des négociations.

Vous remarquerez que l'appel au peuple doit avoir pour objet son consentement à faire la paix et non pas de savoir s'il veut son autonomie. Sa volonté à cet égard, n'est pas en question de la paix qu'il faudra lui soumettre.

Proposition *b*. 2° L'explication donnée relativement au nombre et à la qualité des prisonniers à échanger est prévoyante. Il est utile de la conserver et de l'exprimer dans cette deuxième proposition. Je ne puis que féliciter MM. les Chefs dominicains d'en avoir eu la pensée, l'échange des prisonniers en sera plus facile.

Proposition *c*. 3° En précisant qu'il sera procédé à l'appel au peuple après l'échange des prisonniers, j'ai voulu mettre ceux-ci à même de prendre part à cette manifestation. Ce point est tout à l'avantage des Dominicains, ils ne refuseront donc pas de le maintenir tel qu'il est formulé sous ce paragraphe.

A propos de l'appel au peuple, les Chefs dominicains déclarent qu'ils n'accepteront pas l'expression du suffrage populaire dans les localités qui demeurent jusqu'ici, sous la pression des forces espagnoles.

Cette exclusion d'une partie de la population dominicaine du vote populaire, formulée par les chefs de l'insurrection dominicaine, est impolitique de leur part. Je leur conseille de la retirer. Que redoutent-ils? l'influence de l'autorité armée des espagnols sur cette partie de la population? Mais d'abord les espagnols peuvent retourner l'argument contre eux et dire, à leur tour, qu'ils craignent l'influence des Chefs dominicains sur les populations qui les entourent. Ensuite, — et cette considération est importante, un vote populaire n'a de valeur qu'autant qu'il peut être considéré comme l'expression de la volonté générale ; cette expression ne peut ressortir d'un vote restreint.

Si pour exprimer la volonté générale, il était nécessaire de réunir l'unanimité des suffrages, je comprendrais la restriction demandée par les Chefs dominicains. Mais, il n'en est point ainsi ; la volonté de la majorité est réputée la « volonté générale ». Or, la portion de la population dominicaine qui se trouve, en ce moment sous la pression des forces espagnoles ne représente qu'une infime minorité.

Il n'y a donc aucun inconvénient à accepter les suffrages de cette minortié, dont les votes au contraire quels qu'ils soient, ne peuvent qu'ajouter à la solennité de la manifestation. Au surplus, on pourrait s'entendre d'avance pour fixer d'un commun accord, un mode de votation qui assurerait la liberté des votes. Les chefs dominicains, en persistant à repousser de l'urne, une partie de la population dominicaine, donneraient à leurs adversaires le droit de douter de l'unanimité du peuple dominicain. Je le répète, ce veto serait impolitique, je leur conseille de ne pas y persister.

Proposition *d*) 4° Les termes de cette proposition ont été modifiés de manière à en changer complètement le caractère. Dans la note dominicaine, on a substitué ces mots : « en conformité du résultat (de l'appel au peuple), il devait faire un « exposé » à S. M. Catholique ».

Un « exposé » n'est pas une « supplique ». D'après ce que vous m'écrivez, les Chefs dominicains vous ont pourtant promis d'imposer silence aux suggestions de l'amour-propre et de ne se laisser guider, dans la voie pacifique dans laquelle je leur ai conseillé d'entrer, que par des sentiments d'humanité, de patriotisme et de sagesse ; de songer avant tout aux malheurs de leurs familles et aux désastres de leur propriété ; pourquoi donc à cette expression une « supplique », substituer ces mots : un « exposé »?

Dans cette supplique, les chefs dominicains ne parleraient pas en leurs noms privés, mais au nom du peuple qui s'est rallié autour d'eux et qui leur a confié ses destinées ; au nom d'un peuple, dont les cadavres jonchant le sol attestent l'amour de la liberté, la dignité, le courage et le volonté de périr plutôt que de n'être pas libre et indépendant.

Un pareil peuple, suppliant pour sauver son pays d'une ruine complète, pour épargner aux femmes et aux enfants des malheurs plus grands, ne peut pas être soupçonné de lâcheté. Sa supplique est un acte d'humanité et de patriotisme. Dites donc encore une fois aux Chefs dominicains que je suis incapable de leur rien proposer qui soit contraire à leur honneur et à la dignité du peuple dominicain. Dites au Général Polanco qu'à sa place et dans les circonstances où il se trouve, le général Geffrard n'hésiterait pas à faire lui-même, ce qu'il lui conseille de faire aujourd'hui.

Proposition *e* 5° Ce paragraphe, comme je l'ai déjà fait observer, a été supprimé dans la note dominicaine. On y a substitué une autre proposition qui est inadmissible. Les chefs dominicains reconnaissent eux-mêmes que d'après le droit des gens, il est de principe que dans une trève, les choses doivent demeurer dans le même état où elles étaient au moment où la trève a été stipulée. Puis après avoir ainsi reconnu ce principe, ils demandent que la trève comprenne, comme condition *sine qua non*, la suspension du blocus.

Mais cette demande est tout simplement la négation du principe qu'ils ont commencé par reconnaître.

Il résulte, disent-ils, dans le cas présent, que les Espagnols ayant la faculté de se procurer des ressources à l'extérieur pour l'entretien de leurs troupes il est juste que les dominicains jouissent de la même faculté. Pour que cette condition fût juste et admissible, il faudrait qu'une trève eût pour conséquence de rétablir l'équilibre des avantages entre les deux parties belligérantes. Mais, il n'en est point ainsi. Au contraire, la condition essentielle de toute trève est d'imposer à chacune des parties l'obligation de rester dans le statu *quo in armis*. Demander aux Espagnols de suspendre le blocus, c'est comme si on leur demandait la faculté de se procurer à l'extérieur des armes et des munitions.

Il suffit de poser la question en ces termes pour comprendre de suite que le Capitaine-général de la Gandara ne consentira jamais à accorder une pareille faculté. Les dominicains ne peuvent pas plus prétendre à franchir leurs limites actuelles pour pénétrer au-delà dans l'intérieur.

Dans la haute position que j'occupe, animé comme je suis du désir sincère d'opérer une réconciliation franche et loyale entre les deux peuples espagnol et dominicain, je ne puis consentir à me faire l'interprète que d'une proposition dont toutes les conditions seront acceptables de part et d'autre. Cependant on pourrait peut-être stipuler que pendant la trève et jusqu'à la reprise des hostilités, le blocus serait suspendu à l'égard seulement des navires destinés aux ports dominicains et chargés de toutes autres marchandises que celles réputées contrebandes ou munitions de guerre. Je suis disposé à en faire la proposition au Capitaine Général dans ces termes spéciaux, mais je doute que, même en ces termes, elle soit admise. J'insiste sur cette question, car la note dominicaine la pose comme une condition *sine qua non* de la trève.

Les Chefs Dominicains considèrent le blocus comme une hostilité ; « c'est l'unique hostilité qui nous préjudicie en ce moment » disent-ils.

Cette manière d'envisager le blocus est erronée. Le blocus n'est point une « hostilité » proprement dite, du moins dans le sens attribué à ce mot quand il s'agit d'une trêve. La trêve est la cessation momentanée des hostilités, mais seulement des hostilités sanglantes. Le but d'une trêve est donc uniquement de suspendre l'effusion du sang pendant un temps généralement court et jugé suffisant pour permettre aux parties belligérantes de s'entendre sur les préliminaires d'une paix définitive ou sur toute autre convention. Le blocus n'est point un fait d'armes sanglant, mais un fait de guerre, le but est de priver l'ennemi des moyens de continuer les hostilités.

La cessation des hostilités, c'est-à-dire la cessation momentanée des combats, sera peut-être plus avantageuse aux Espagnols qu'aux dominicains, comme le prétendent ces derniers, mais cette conséquence sera le résultat de la situation respective des parties. La trêve n'y peut rien changer, puisqu'il est de principe, d'après le droit des gens, que les choses, c'est-à-dire les situations respectives, doivent demeurer dans le même état où elles étaient au moment où la trêve a été stipulée.

Ces considérations n'échapperont certainement pas au général de la Gandara et ne manqueront pas de le porter à refuser péremptoirement une suspension absolue du blocus et peut être une suspension partielle. Comme elles reposent sur le droit et la vérité, je ne puis consentir à me faire l'interprète d'une proposition aussi formellement contraire à la vérité et au droit. Et puis, s'il faut tout dire, une pareille proposition semble cacher une arrière pensée : celle de profiter de la trêve pour se procurer les moyens de prolonger la lutte, si, ce qu'à Dieu ne plaise, cette trêve n'était pas suivie, comme je l'espère, d'une paix définitifve.

Cette arrière-pensée, les Chefs Dominicains ne l'ont point eue. J'en suis sûr : ils n'ont eu en vue que d'avoir un moyen de faire cesser les souffrances et les privations du peuple de l'Est, mais on la leur imputerait peut-être, à eux et à moi-même. Non, je ne puis me prêter à avancer une proposition qui serait de nature à mettre en doute ma loyauté et ma sincérité. Insistez donc, insistez près d'eux pour les engager à accepter la proposition dans les termes que j'ai posés plus haut.

Proposition f. 6° — Le délai de quinzaine fixé par la note dominicaine pour la reprise des hostilités est d'une longueur que ne motivent pas les distances des positions respectives des parties. La longueur de ce délai peut aussi donner lieu à de certaines suppositions. Le délai ne doit pas être de plus de cinq jours francs à partir de la notification de la reprise des hostilités. La défense d'établir des rapports entre les campements espagnols et dominicains est admissible et ne peut soulever aucune objection.

Telles sont, mon cher Colonel, les réflexions que m'a suggérées un examen attentif de la note dominicaine comparée aux propositions dont vous étiez porteur. Vous trouverez, ci-joint, une note dans laquelle j'ai rétabli ma proposition en la modifiant toutefois d'après les observations qui précèdent et en ayant égard aux modifications formulées par les Chefs Dominicains, qui m'ont paru admissibles.

Il est indispensable que vous vous mettiez en parfait accord avec eux sur les termes et la portée de cette nouvelle note : c'est la première des deux conditions à remplir avant que je consente à m'interposer entre eux et le capitaine général espagnol.

Quant à la seconde condition, pour être de pure forme, je ne la considère pas moins importante que la première.

Ma démarche près des Chefs Dominicains est une démarche amicale, tout officieuse et toute personnelle, de ma part. Fort des sentiments qui me l'ont inspirée et du but que je me suis proposé d'atteindre, je n'ai point hésité à la faire. Mais cette démarche doit rester juqu'à la fin essentiellement personnelle et privée ; elle ne doit ni directement, ni indirectement affecter, soit mon caractère officiel, comme chef d'État, soit mes devoirs de neutralité. Elle ne doit donner lieu à aucune fausse interprétation. Ce sont ces considérations qui m'ont porté à adopter la voie que j'ai prise et qui doit être conservée.

Agissant en mon nom privé pas plus qu'agissant officiellement, je ne puis reconnaître la République Dominicaine. Je ne puis ni en mon nom privé, ni officiellement, recevoir aucun acte de ce gouvernement ni entretenir avec lui aucune correspondance.

En vous écrivant, mon cher Colonel, une lettre dans laquelle j'exposais mes sentiments et mes intentions et en vous autorisant à la communiquer à MM. les Chefs Dominicains, j'ai voulu éviter de m'adresser directement à eux. Cette manière de procéder avait pour avantage de ne blesser aucune convenance tout en respectant les exigences de la neutralité et en maintenant intacte, ma position officielle. Je suis donc forcé de vous retourner les documents que vous m'avez transmis avec votre lettre du 17 novembre et qui consistent dans :

1º La lettre à mon adresse signée de MM. les Chefs Dominicains et datée du 18 novembre ;

2º La note portant la même date et les mêmes signatures et contenant des instructions confidentielles ;

3º L'acte daté du 15 novembre contenant des pouvoirs pour négocier la trêve ;

4º La dépêche au général de la Gandara, cachetée ;

5º Et la copie communiquée de cette dépêche.

Ces documents par leur forme, et si je les acceptais, impliqueraient de ma part une reconnaissance évidente de la République Dominicaine et de son gouvernement de fait. Vous restituerez ces pièces aux Chefs Dominicains en leur exprimant le regret que j'éprouve de ne pouvoir les accepter sous cette forme et en leur faisant connaître les motifs qui m'obligent à vous les renvoyer.

Je suis certain d'avance, que ces Messieurs comprendront parfaitement ces motifs et sauront les apprécier ; leur haute intelligence et leur loyauté ne me permettent pas d'en douter. Il me reste à vous tracer la forme à observer, elle est très simple : c'est celle que j'ai moi-même adoptée. Que MM. les Chefs Dominicains adressent à vous-même et au Commissaire Doucet une lettre dans laquelle ils exprimeront les sentiments qui les animent ; ils déclareront qu'ils adhèrent purement et simplement aux conditions de la trêve telles qu'elles auront été définitivement arrêtées, enfin, qu'ils consentent à ce que le général Geffrard interpose ses bons offices près du Capitaine-général espagnol pour la négociation de ces mêmes conditions et la conclusion d'une trêve.

Dans cette même lettre, ils auront soin de rappeler textuellement les conditions de la trêve et ils vous chargeront de me transmettre leur résolution. Il serait prudent de vous entendre aussi par avance, sur la rédaction de la supplique à adresser à la Reine, cela éviterait tout retard et toutes difficultés.

J'ai été très heureux d'apprendre la manière cordiale et obligeante avec laquelle vous avez été accueilli par la population dominicaine et ses chefs. Veuillez en remercier de ma part le général Polanco et ses Collègues et leur offrir l'expression de mes sentiments de sympathie et de haute considération.

Recevez, mon cher Colonel, l'assurance de mes sentiments les plus affectueux.

(S.) GEFFRARD.

La note dont parle le général Geffrard sert en effet d'appendice à la longue dépêche destinée au colonel Roumain. Elle résume d'une façon concise, les nouvelles instructions du Président d'Haïti. Sa rédaction avait été confiée à Boyer Bazelais dont le style lapidaire traduisait souvent à merveille la pensée du Chef d'Etat Haïtien. Lisons-la attentivement : elle nous permettra de suivre, plus facilement, les nouvelles négociations laborieuses qu'allait entamer le commissaire haïtien avec les chefs insurgés dominicains.

NOTE

Propositions formulées d'après les modifications présentées par MM. les Chefs Dominicains.

A. 1. — Les dominicains proposeront d'abord au Capitaine Général une suspension d'hostilités qui sera motivée sur leur désir de faire un appel au peuple dominicain pour savoir « s'il veut la paix ou non », et pour ensuite adresser une « supplique » à Sa Majesté la Reine. Cette supplique sera rédigée d'avance pour être communiquée au Capitaine-Général en même temps que la proposition de trêve. La suspension d'hostilités comprendra la suspension du blocus, mais seulement pour les navires chargés de toutes marchandises autres que des marchandises réputées contrebandes de guerre ou des armes et munitions, et à la condition expresse que ces navires n'atterriront que dans les ports de Santo Domingo, Puerto Plata et Montechristi et y seront soumis à la visite par l'autorité espagnole et que ces navires pourront s'y charger de denrées en paiement des marchandises importées.

B. 2. — La suspension d'hostilités sera immédiatement suivie de l'échange des prisonniers ; l'échange comprendra tous les prisonniers de part et d'autre, sans distinction, les prisonniers de guerre et les prisonniers politiques avant la guerre ;

C. 3. — Après l'échange des prisonniers, il sera procédé à l'appel au peuple ; la question sera posée en ces termes :

« Le peuple dominicain, veut-il, en conservant sa liberté et son indépendance, demander la paix ? » Sur l'un des deux bulletins, la réponse sera : oui ; le second portera : non. L'appel sera fait à la population entière et dans toutes les localités ; le mode de votation sera fixé par les négociations, d'avance et de manière à garantir la liberté et le secret des votes. »

D. 4. — Si cet appel est favorable à la paix, une supplique sera adressée à Sa Majesté la Reine.

E. 5. — Les hostilités resteront suspendues pendant toute la durée des négociations, chaque partie restera dans le *statu quo* et gardera les positions qu'elle occupait au moment de la cessation des hostilités. Pendant la trêve, il ne sera établi aucun rapport entre les campements espagnols et dominicains ; chaque détachement restera dans ses limites sans pouvoir pénétrer, même individuellement et sans armes, dans les limites ennemies.

F. 6. — Si le Capitaine Général recevait l'ordre de son Gouvernement de reprendre l'offensive, ou bien si l'appel au peuple dominicain n'était pas favorable à la paix, dans l'un ou l'autre cas, les hostilités ne seront reprises qu'après un avis préalable et un intervalle de cinq jours francs à partir de la notification de la reprise des hostilités.

Faite au Port-au-Prince pour être annexée à la lettre de Son Excellence le Président Geffrard au Colonel Ernest Roumain en date du 28 novembre 1864.

Le Colonel Roumain avait également reçu, en dehors des instructions présidentielles, et sous la même enveloppe les contenant, une lettre « particulière » de son chef et ami, Son Excellence le Général Geffrard, président d'Haïti. Le Chef de l'État, dans son privé, était avenant et beau causeur : aussi, son représentant dans la partie de l'Est avait été tout heureux de lire, provenant de lui, une missive qui n'avait rien de protocolaire et d'officiel. En marge des documents, il disait toute sa pensée à Ernest Roumain. Laissons s'épancher, pour notre plus grande dilection, le Président d'Haïti en personne.

Cabinet particulier
du Président d'Haïti.

Port--au-Prince, le 28 novembre 1864,
An 61ᵉ de l'Indépendance.

Particulière :

Au Colonel Ernest ROUMAIN,
Aide-de-Camp du Président d'Haïti
Chargé d'Affaires près le Gouvernement
des États-Unis d'Amérique,
actuellement à Santiago de Los Caballeros.

Mon cher Ernest,

En répondant à votre lettre particulière du 17
courant, je dois entrer sur le renvoi que je vous fais
des documents des chefs dominicains, pour leur être
remis, dans quelques explications qui ne pouvaient
pas, vous en comprendrez facilement la raison,
figurer dans l'autre lettre que je vous adresse à la
même date de ce jour.

La forme que ces chefs ont suivie pour me mettre
à même de tenter d'amener un arrangement entre eux
et le Capitaine-Général de la Gandara est entièrement
inadmissible. D'abord, la neutralité du gouvernement,
en présence du conflit désastreux dans lequel sont
jusqu'ici engagés les Espagnols et les Dominicains
et auquel on s'efforce de trouver une solution, ne me
permet pas de recevoir, même non officiellement, des
correspondances, des actes, où ils sont qualifiés de
« Gouvernement provisoire de la République Dominicaine ». En outre la dignité du Chef de l'État n'admet
jamais de mandat de la nature de celui qu'ils ont
voulu me confier par leurs pleins pouvoirs accompagnés d'instructions confidentielles. Le mode de
procéder, était, ce me semble, tout indiqué par celui

même que j'ai suivi pour votre mission. La forme adoptée par les Chefs dominicains m'avait tout d'abord frappé ; je l'ai soumise à l'appréciation du Conseil des Secrétaires d'État et tous ont été d'un avis unanime qu'elle ne devait pas être admise. Il faut donc absolument y renoncer et revenir à celle indiquée indirectement par la lettre que je vous ai adressée pour votre mission.

Je ne vois pas d'inconvénient, mon cher Ernest, à ce que, si les chefs dominicains le désirent, vous soyez accompagné jusqu'ici à votre retour par deux personnes qui seraient chargées par eux de m'adresser leurs remerciements, et l'expression de leurs sentiments de cordiale sympathie. Mais, il doit être bien entendu qu'une pareille députation ne peut avoir que ce but et encore sans aucun caractère officiel. Ces deux personnes recevraient de ma part le même accueil sympathique et affectueux que vous me marquez avoir reçu à Saint-Yague.

Si les chefs dominicains n'ont personnellement aucune raison de prolonger la détention de M. Moreu, je ne vois non plus aucun inconvénient à ce qu'il soit rendu à la liberté. J'en serais bien aise, étant autorisé à croire comme vous, que les soupçons qui ont amené contre lui des rigueurs dans l'Est, n'étaient pas fondés. Je ne crains pas ce que pourrait rapporter ici M. Moreu de mes procédés à l'égard des dominicains, n'ayant jamais rien fait qu'ouvertement, dans le cercle de la neutralité de mon gouvernement et dans un but très avouable d'humanité et d'impartiale équité.

J'espère que les Chefs Dominicains se rendront aux raisons que je donne pour l'adoption des changements faits à leur contre-proposition, tant en la forme qu'au fond. Je compte sur votre intelligence et votre prudence, ainsi que sur celle du Commissaire Doucet, pour atteindre ce but, que je désire bien vivement et dans leur propre intérêt et pour la tranquillité de notre pays.

Dans cet espoir, mon cher Ernest, recevez, vous et le commissaire Doucet, l'assurance des mes sentiments affectueux.

(S.) GEFFRARD.

Le 3 décembre, le général Pablo Pujol s'empressait de porter à la connaissance du représentant du Président d'Haïti, les nouveaux succès des armées dominicaines. Décidément les troupes castillanes jouaient de malheur à la grande satisfaction du Ministre des Finances dominicain. Lisons pour la « petite Histoire » l'amical billet du général Pablo Pujol s'adressant au colonel Roumain. Comme toujours, il avait écrit en français.

Santiago, le 3 décembre 1864.

Mon cher Roumain,

Nous venons de recevoir la nouvelle de la prise de Hato Major dans la province de Seybo et celle de Higuez. Dans peu de jours nous les aurons.

Rien de nouveau du côté de Laxavon.

Le dernier steamer haïtien qui sortait du Cap pour le Port-au-Prince eut la machine brisée par le mauvais temps qu'il faisait et un bateau à vapeur espagnol qui passait l'accompagna jusqu'à l'entrée du Cap où il entra en relâche.

A vous de cœur
P. PUJOL.

Le 2 décembre le Commissaire haïtien, par dépêche spéciale avait confirmé au général Geffrard tous ses précédents rapports. Le 8, après trois jours de tumultueuses négociations avec le gouvernement provisoire de la République Dominicaine, il avait été contraint de reprendre la plume et de porter à la connaissance du Président d'Haïti les graves événements qui se déroulaient sur le terrain diplomatique à Santiago de Los Caballeros. Pour comble de malheur, le Colonel Roumain et le Commissaire Doucet étaient alités : l'un souffrait « de fortes douleurs rhumatismales » et l'autre d'un violent « accès de fièvre » ! De leurs lits respectifs, stoïquement, ils avaient tenté de convaincre d'erreur, instructions présidentielles en mains, les chefs de l'armée dominicaine qui étaient venus conférer avec eux. La scène a dû être tragique : sa vision poignante. Il n'était question de rien de moins, entre quatre hommes enfermés dans une chambre de malades que de l'indépendance d'un peuple de héros. Les chefs insurgés dominicains qui avaient vaincu par les armes, sans réfléchir à l'avenir, acceptaient difficilement les exigences de la diplomatie. Laissons le Colonel Roumain, nous la décrire personnellement :

Santiago de Los Caballeros, le 8 décembre 1864.

A son Excellence le Président d'Haïti.

Président,

Nous avons reçu lundi 5 du courant la dépêche que vous nous avez adressée à la date du 28 novembre dernier. Nous avons retiré de son couvert les divers documents que vous nous avez envoyés pour être retournés aux Chefs Dominicains, moins le mandat que vous nous avez annoncé et qui ne s'est pas trouvé parmi les autres pièces.

Nous avons fait part à ces Messieurs des nouvelles propositions que vous avez formulées, et ils ont même pris connaissance de votre dépêche afin d'en bien saisir les termes. A la lecture à eux faite de la dite dépêche, ils n'ont pas pu s'empêcher de manifester involontairement la fâcheuse impression qu'elle leur causait : mais nous avons fait semblant de ne rien observer, nous promettant de leur donner plus tard toutes les explications qu'ils désireraient. C'est ce qui arriva le surlendemain.

Arrêtés au lit, le commissaire Doucet par de fortes douleurs rhumatismales et moi par un violent accès de fièvre, deux des membres du gouvernement eurent l'extrême obligeance de venir à la maison conférer avec nous, et, après leur avoir nettement expliqué votre pensée, votre lettre à la main et l'analysant paragraphe par paragraphe, voilà les déductions que nous avons pu tirer de leurs paroles, sans pour cela affirmer qu'il y ait encore rien d'arrêté, rien de certain.

D'abord les opinions sont partagées au Conseil ; les uns et ce sont peut-être les plus influents, acceptent l'appel au peuple, l'échange des prisonniers dans un port haïtien et la supplique à la Reine, mais sans trêve aucune, les hostilités devant continuer jusqu'à la réponse de S. M. C. ; les autres opinent différemment et veulent que les choses restent telles qu'elles sont, que l'on ne fasse aucune démarche, remettant leurs destinées aux chances de la guerre.

Ils n'admettent pas la levée du blocus telle que vous le proposez, et partant ils y renoncent, car, disent-ils, si par l'effet de la trêve, toute communication, même individuelle, doit cesser entre les Espagnols et eux, comment pourraient-ils aller chercher leurs marchandises qui seraient débarquées précisément dans les ports occupés par les premiers, après avoir été soumises à leurs droits de visite, quand ils n'entendent avoir aucun rapport avec eux.

Ils ont fait même observer que le terme de cinq jours, pour la reprise des hostilités en cas de la non réussite des négociations, ne leur suffit pas ; qu'en ceci, ils n'ont aucune arrière pensée ; mais ils calculent que leur territoire est défendu seulement par des volontaires et des gardes nationaux qui se rendront chez eux dès la conclusion de la trêve, et que demeurant à des distances très éloignées, il leur faut un temps moral pour les rappeler sous les drapeaux, en cas de nécessité. De là, le terme de quinze jours qu'ils ont fixé.

Pour ce qui concerne le mot « exposé » au lieu de « supplique », ils disent que ce n'est qu'une affaire de mot, que les sujets même de la Reine, en lui écrivant pour lui demander une faveur, se servent de ce terme « exposicion » qui signifie tout de même « supplique », puisqu'après avoir exposé les faits qui motivent cette demande, ils finissent par « supplier » S. M. de leur accorder telle ou telle faveur. D'ailleurs, ils affirment qu'en nous faisant parvenir une copie de ce qu'ils appellent eux, « exposicion », vous en serez satisfait, et vous y reconnaîtrez une véritable « supplique ».

Pour ce qui a trait au titre qu'ils prennent de gouvernement provisoire, ils déclarent ne pouvoir s'en départir sans trahir le mandat que le peuple leur a confié en mettant ses destinées entre leurs mains ; ils voient dans la renonciation de ce titre une lâcheté morale, une flétrissure politique qui les rendraient indignes d'occuper le poste auquel ils ont été appelés. Ils font remarquer que leur manière d'agir est d'accord avec l'histoire de tous les peuples qui ont eu à combattre pour leur indépendance.

Ils ajoutent qu'en vous écrivant avec la qualification de gouvernement provisoire, ils ne vous compromettaient en rien, parce qu'une simple lettre écrite à laquelle vous ne répondriez même pas, ne pourrait jamais impliquer la reconnaissance tacite de leur État; ce sont des traités conclus, une correspondance régulièrement suivie, et enfin des actes diplomatiques échangés entre les deux gouvernements, qui pourraient constituer cette reconnaissance.

Nous vous donnons, Président, cet aperçu des arguments dominicains, en attendant que nous ayons reçu leur dernière décision. Nous sommes presque tous malades ici, même les cavaliers de la garde nationale de Ouanaminthe qui sont venus nous accompagner.

Agréez, Président, l'expression de notre sincère dévouement et de notre profond respect.

Ernest ROUMAIN.

Le 9 décembre, le gouvernement provisoire dominicain avait opéré un changement de front dans la marche de la mission Roumain, en formulant au Colonel Roumain des propositions nouvelles. Le Commissaire haïtien, immédiatement, les avait portées à la connaissance du président d'Haïti par la nouvelle dépêche qui suit :

Santiago de Los Caballeros, le 9 décembre 1864.

A Son Excellence, le Président d'Haïti.

Président,

Au moment où nous venions de clore la lettre que nous eûmes l'honneur d'adresser à V. E. sous la date d'hier, les gouvernants dominicains nous firent parvenir une petite note renfermant les propositions qu'ils comptent faire, comme leur dernière décision. Ils les ont réduites seulement à deux : la première consisterait à prier V. E. de proposer en leur nom au général La Gandara l'échange des prisonniers, tant politiques que de guerre, sans avoir égard au plus grand nombre qu'aurait une partie plutôt que l'autre, ni aux personnes qui auraient été détenues pour faits politiques même avant la guerre ; que cet échange s'opérerait dans un port d'Haïti et sous l'inspection d'un agent que V. E. daignerait nommer à cet effet.

La seconde proposition mettant de côté l'appel au peuple, stipule que les Dominicains proposeront au Capitaine général d'envoyer à Madrid une délégation composée de quatre individus, dont deux seraient nommés par lui et deux par le gouvernement de la République Dominicaine, pour aller porter à S. M. C. une supplique tendant à la prier de rétablir la paix dans leur pays infortuné, en lui restituant sa liberté et son indépendance ; qu'une copie de cette supplique serait envoyée en communication au général La Gandara.

Nous leur fîmes observer qu'il n'est pas probable que le Capitaine Général consente à appuyer ainsi leur demande auprès de la Reine. Ils nous répondirent que dans la dépêche qu'ils doivent nous écrire, il sera bien établi que les deux envoyés espagnols n'auraient pour mission que de fournir à leur gouvernement tous les renseignements nécessaires sur les opérations et la situation militaire de ce pays, tandis que les deux dominicains seraient exclusivement chargés de présenter leur supplique à S. M. C. et qu'enfin si V. E. ou le général La Gandara n'approuvait pas l'idée d'une délégation mixte, les dominicains iraient seuls à Madrid.

Ils affirment que c'est pour profiter de votre offre tout amicale, pour rester d'accord avec la volonté du peuple, et en même temps pour sauvegarder les succès militaires déjà obtenus, qu'ils sont obligés de se restreindre dans ces propositions formulées plus haut. Pour appuyer cette assertion, ils nous ont fourni une foule d'arguments que nous nous réservons l'honneur de transmettre bientôt de vive voix à V. E.

Conformément à la marche à suivre indiquée par vous, Président, dès que ces messieurs les dominicains nous auront adressé leur lettre renfermant ces deux dernières conditions et accompagnée d'une copie de leur supplique à S. M. C. nous nous empresserons à vous la faire passer par un exprès, et nous comptons ensuite nous rendre à Ouanaminthe, attendre notre décision.

Nous vous prions d'agréer, Président, l'expression de notre sincère dévouement et de notre profond respect.

(S.) Ernest Roumain.

Le 9 décembre, par sa lettre au n° 322, le gouvernement provisoire de la République Dominicaine portait à la connaissance du colonel Roumain, qu'un passeport avait été remis au sieur Moreu et que celui-ci était par conséquent en mesure de rentrer dans sa famille. C'est sûrement à contre cœur que le général Polanco et son ministre Maximo Grullon ont dû libérer le prisonnier haïtien. Il avait fallu pour cela la haute personnalité du général Geffrard et tout le prestige dont il jouissait près des chefs insurgés dominicains. Devant un désir exprimé par le président d'Haïti, désir qui leur avait été transmis par le Commissaire haïtien, le président provisoire de la République Dominicaine et son ministre de l'intérieur s'étaient inclinés tout en pensant, il est à supposer, dans leur intérieur, que le sieur Moreu serait bien plus en lieu sûr, en ce qui les concerne, devant un peloton d'exécution qu'en territoire haïtien.

Le 11 décembre, le général Pablo Pujol, pour parler de choses plus sérieuses, avait transmis par l'original billet qui suit, un important document à l'appréciation de son ami, le colonel Roumain.

Santiago, le 11 *décembre* 1864.

Monsieur Roumain,

Mon cher Colonel,

Je vous envoie sous ce pli le brouillard de « l'exposition » à la Reine et de la communication qu'on va vous diriger, documents que je vous prie de lire avec attention et de me dire ce que vous et M. Doucet pensez là-dessus (*sic*).

Le Vice-Président et moi, nous aurons le plaisir de vous voir chez vous cet après-midi.

Votre ami de cœur.
P. Pujol.

Le « brouillard », lisons simplement brouillon, dont parle le Ministre des Finances dominicain, était une pièce trop importante pour ne pas effacer le sourire qui a dû poindre aux commissures des lèvres du missionnaire haïtien. Pour notre plus grand désappointement, nous ne l'avons pas trouvé dans le dossier de la mission Roumain. Il aurait été si intéressant de connaître la manière dont le gouvernement provisoire dominicain concevait la rédaction de « l'exposition » qu'il devait faire aboutir à S. M. C. Le 13 décembre, le représentant du président d'Haïti passait l'inspection des fortifications de Los Caballeros. La veille, le Ministre de la guerre, le général J.-B. Curiel s'était mis à ses ordres pour cette « promenade » exclusivement militaire ; faisons connaître à « la petite histoire » car elle vaut également la peine, la prose savoureuse du général Curiel.

Santiago, le 12 décembre 1864.

M. le Colonel Roumain.

Monsieur,

M. le général Pujol m'a manifesté que vous avez le désir de voir les travaux de fortification dans cette ville. Tout disposé à vous être agréable, je serai à vos ordres demain à quatre heures de l'après-midi.

Il me semble plus commode de faire cette promenade à cheval ; vous aurez la complaisance de me dire si vous n'avez pas de monture pour vous en proportionner une (*sic*).

Je suis avec considération,

Votre serviteur dévoué,

J. B. Curiel.

Le Commissaire Doucet, a dû s'abstenir de prendre part à une « promenade » de cette nature. Qu'aurait à faire ce vieux légiste, dans cette galère? Rien, certes, et il aurait eu mauvaise grâce à aller constater *de visu* et d'une façon si brutale, que le droit, c'est souvent la force et que parfois, en ce monde les réquisitoires les meilleurs sont ceux qui sont faits, Dieu nous préserve d'un calembour qui a été trouvé avant nous, au nom du droit canon.

Le 14 décembre, le colonel Roumain ainsi que le Commissaire Doucet, avaient reçu à eux adressées, les nouvelles propositions du gouvernement provisoire de la République dominicaine. M. Roumain les avait acheminées au Président accompagnées d'une lettre d'envoi. Il en avait profité pour annoncer au général Geffrard que le Commissaire Doucet et lui allaient « immédiatement » retourner à Ouanaminthe d'où ils attendraient ses ordres. Sur l'heure, ils avaient accusé réception des documents à eux destinés, à messieurs les Chefs insurgés dominicains, et avaient pris congé, en des termes touchants, du gouvernement provisoire. Ceci fait, ils avaient courageusement pris le chemin de la frontière. Trois jours après, la caravane officielle faisait sa rentrée en territoire haïtien.

Quel était l'état d'âme des représentants du peuple dominicain au moment où la mission Roumain semblait prendre fin? Leurs lettres du 14 décembre vont nous l'apprendre, elles ont de tout : de la résignation, de l'orgueil et de la douleur. Qu'importe, elles font honneur à ceux qui les ont signées parce qu'ils n'ont eu en vue que leur patrie. Lisons et méditons.

DIEU. PATRIE ET LIBERTÉ

Gouvernement Provisoire
de la
République Dominicaine.

Ministère des Relations Extérieures.

Messieurs le Colonel Ernest ROUMAIN,
Aide-de-Camp de son Excellence le
Président de la République etc.., et
Décimus DOUCET, Commissaire du Gouvernement.

Messieurs,

Les soussignés, membres du gouvernement provisoire de la République Dominicaine, se sont bien pénétrés de la note qu'à la date du 28 novembre dernier vous avez reçue de Port-au-Prince de Son Excellence le Général Geffrard, relativement aux plis que les soussignés ont cru opportun de soumettre à son approbation à la suite de ses offres généreuses (de médiation).

Ils regrettent infiniment de ne pouvoir donner satisfaction aux désirs de son Excellence le Général Geffrard, acceptant « de plano » les conseils amicaux que par votre organe, il a bien voulu nous faire parvenir ; ils regrettent surtout qu'elles n'aient point paru acceptables, les modifications faites aux propositions que le gouvernement provisoire eut à formuler en vue d'être présentées au chef des forces espagnoles, comme base d'un arrangement définitif entre l'Espagne et Saint-Domingue. Il est très sensible aux soussignés, que des raisons de délicatesse aient empêché le Président d'accepter directement la précieuse mission, que dans des moments si suprêmes pour le peuple dominicain, ils ont cru convenable de lui confier.

Appréciant les motifs sus dits et bien pénétrés des causes qui les justifient, les soussignés n'insisteront point à vouloir utiliser la médiation du Président d'Haïti, sous la forme précédemment indiquée, mais bien sous la forme qu'il jugera la plus convenable. Cependant, les membres du gouvernement Provisoire espèrent que la haute intelligence de Son Excellence le Général Geffrard l'amènera à comprendre finalement combien il leur est difficile d'abdiquer, bien que ce soit en « pure forme », l'autorité dont ils sont revêtus, car ce n'est que comme représentants du Peuple qu'ils peuvent légitimement traiter en son nom. La Nation reconnaît les soussignés comme formant le Gouvernement national, qui voit avec beaucoup de peine l'impossibilité de se dépouiller de ses pouvoirs. Agir autrement, ce serait trahir les intérêts sacrés de la Patrie.

Cela étant ainsi, et la phase nouvelle que, à peine commencées, ont prise les négociations, les soussignés se voient dans la dure nécessité de soumettre à Son Excellence le Général Geffrard, par votre organe, deux propositions qui, présentées sous une forme différente peuvent donner les mêmes résultats. Toutefois, que Son Excellence le Président d'Haïti veuille bien les présenter au chef des forces espagnoles et qu'elles méritent l'acceptation de ce dernier.

Les soussignés, entre autres choses, n'arrivent pas à comprendre quel peut être l'objet de demander au Peuple Dominicain, s'il veut la paix ou non, parce qu'il est certain, comme dit Son Excellence le Général Geffrard, avec tant de raison, qu'il serait inutile de demander aujourd'hui au peuple dominicain s'il veut son autonomie parce qu'il a donné de fortes preuves qu'il le désire. Il est aussi hors de doute que tout peuple a besoin de la paix et la désire, tant que sa souveraineté est respectée. Le gouvernement de tout pays, que ce gouvernement soit provisoire ou définitif, est obligé de procurer la paix au peuple, tenant seulement compte que la première condition est que cela n'affecte pas son indépendance nationale.

C'est la raison qu'ont eue les soussignés, réfléchissant comme le Président, pour supprimer la proposition énoncée (par lui).

Concernant la suspension des hostilités, les soussignés ne croient pas qu'il soit absolument nécessaire d'adresser au nom du Peuple Dominicain la supplique convenue à Sa Majesté Catholique ; ils se sont aussi permis de la supprimer. La question se trouve donc réduite à deux propositions, comme il a été déjà dit.

Les soussignés ne doutent pas que Son Excellence le Général Geffrard s'efforcera d'obtenir pour les Dominicains les concessions que ceux-ci désirent ; en ce faisant il servira plus que la cause de l'humanité, celle d'un peuple allié légitime du peuple haïtien. Celui qui a su donner de la gloire à sa patrie, doit aspirer à s'enorgueillir de contribuer à cimenter la liberté et l'indépendance d'une nation héroïque, d'un peuple sud-américain.

Veuillez offrir à Son Excellence le Général Geffrard l'assurance de la haute estime qu'il inspire aux membres du gouvernement Provisoire de la République Dominicaine. Ils se plaisent à vous renouveler l'expression de leur parfaite considération.

Santiago de Los Caballeros, le 14 *décembre* 1864. *An* 21e *de l'Indépendance et* 2e *de la Restauration.*

Le Président du Gouvernement (Signé) G. Polanco ; le Vice-Président (S.) Ulysse Espaillat ; le Ministre de la Guerre (S.) J.-B. Curiel ; le Ministre de l'Intérieur, de la Justice (S.) Maximo Grullon ; le Ministre des Relations Extérieures (S.) Manuel R. Objio ; les Ministres des Finances (S.) R. A. Leyba, Pablo Pujol.

DIEU PATRIE ET LIBERTÉ

Gouvernement Provisoire
de la
République Dominicaine.

Ministère des Relations Extérieures, n° 40.

MM. le Colonel Ernest ROUMAIN,
Aide-de-Camp de S. E. le Président de la
République d'Haïti etc... et
Décimus DOUCET, Commissaire du Gouvernement.

Messieurs,

Le gouvernement provisoire de la République Dominicaine vous prie de porter à la connaissance de S. E. le Général Geffrard les propositions qu'il a cru devoir élaborer en y résumant l'essence des conseils amicaux que S. E. le Général Geffrard a bien voulu lui transmettre par votre organe, dans sa dépêche du 27 octobre dernier dont vous nous avez donné copie. Si S. E. le Général Geffrard trouve acceptables les propositions qui vont suivre, comme n'en doutent pas les signataires de la présente, ceux-ci consentent à ce qu'elles soient présentées en leur nom au chef des forces espagnoles comme devant servir de base préliminaire à un accord définitif entre le peuple Dominicain et le Gouvernement de S. Majesté Catholique.

Les propositions dont il s'agit sont les suivantes :

Premièrement A. — Les soussignés désirent que S. E. le Général Geffrard en sa qualité d'intermédiaire officieux, propose au chef des forces espagnoles l'échange des prisonniers en y comprenant tous les prisonniers qui ont été faits de part et d'autre et tant politiques que de guerre, sans tenir compte du nombre des dits prisonniers et sans examiner s'il y a eu des personnes emprisonnées (par les Espagnols) avant la Révolution à cause de leur opinion politique. Si l'échange était accepté, il devra s'effectuer dans un port haïtien et sous la surveillance d'un agent haïtien que S. E. le général Geffrard voudra bien désigner.

Deuxièmement B. — S. E. le Général Geffrard proposera aussi au chef des forces espagnoles l'envoi d'une commission à Madrid, composée de deux ou plusieurs individus qui seront nommés, l'un par le Chef des forces espagnoles et l'autre par le Gouvernement provisoire de la République Dominicaine. La dite commission sera spécialement chargée de remettre entre les royales mains de S. M. C. une supplique lui demandant la grâce, au nom du Peuple que les soussignés représentent, de donner au pays la paix, la liberté et l'indépendance. Une copie du dit document sera envoyée au Chef des Forces espagnoles.

La première proposition prouve une fois de plus que les Dominicains et leur Gouvernement désirent se soumettre, et accepter tout ce qui n'affecte pas leurs droits et leurs devoirs de nation libre et indépendante donnant à la guerre, autant que possible, un air moins horrible et à la Patrie et à l'Humanité, ce qu'elles réclament.

Quant à la deuxième proposition, le Chef des Forces espagnoles peut modifier, en exprimant ce qu'il croit convenable, l'envoi d'un ou des Commissaires qu'il peut désigner, car sur ce point les soussignés ont voulu seulement que le Peuple Dominicain comme les représentants de l'autorité espagnole dans ce pays, ait à Madrid une voix qui soit capable de décrire la situation respective des parties (en présence) en relatant les événements avec toute l'impartialité nécessaire.

Les soussignés se plaisent à vous renouveler l'assurance de leur parfaite considération.

Santiago de Los Caballeros, le 14 décembre 1864.
An 21ᵉ de l'Indépendance et 2ᵉ de la Restauration.

Le Président du Gouvernement (S.) G. Polanco ; le vice-président, U.-J. EEspaillat ; le Ministre de la Guerre, J.-B. Curiel ; le Ministre des Relations Extérieures, Manuel R. Objio ; le Ministre de l'Intérieur, de la Justice, etc., Maximo Grullon; le Ministre des Finances Rm. A. Leyra, P. Pujol.

Le 29 décembre la délégation haïtienne recevait

à Ouanaminthe d'importantes dépêches de Port-au-Prince et de Santiago de Los Caballeros. Les deux courriers officiels apportaient, chacun dans son genre, de graves nouvelles à la connaissance du colonel Roumain et du commissaire Doucet. Les instructions sorties du Palais National venaient bouleverser tout ce qui avait été fait pendant deux mois dans l'ordre des négociations secrètes. La nouvelle situation diplomatique créée par le Président d'Haïti était des plus graves et le sort de la mission Roumain, désespéré. Le colonel Roumain, plus maître de lui-même que jamais, imperturbablement avait transmis à S. E. le général Geffrard la communication du gouvernement provisoire de la République Dominicaine qui lui avait été adressée. Jetons un coup d'œil sur ce document qui honore notre pays. Le passé a parfois de bien douloureuses leçons.

DIEU   PATRIE   LIBERTÉ

Gouvernement Provisoire
de la
République Dominicaine.

Santiago de Los Caballeros, le 26 décembre 1864.
An 21e de l'Indépendance et 2e de la Restauration.

Nº 48.

Commission des Relations Extérieures

Monsieur le Colonel Ernest ROUMAIN,
Aide-de Camp de son Excellence
le Président de la République d'Haïti.

Monsieur,

J'ai le plaisir de vous communiquer que mon Gouvernement désireux de donner une marque de déférence au général Geffrard, n'hésiterait pas à déposer les prisonniers espagnols sur le territoire haïtien où ils resteront sous la sauvegarde et la protection de l'honneur national de la République d'Haïti, jusqu'à ce que les autorités espagnoles fassent la remise complète des malheureux prisonniers dominicains qui gémissent en leur pouvoir. La cause de cette résolution, vous devez facilement la comprendre, si vous vous rappelez le texte de la lettre adressée à ce Ministère par l'Agent secret dominicain à Saint Thomas, lettre dont vous avez eu connaissance par un membre du Gouvernement.

Ladite lettre peignait avec de vives couleurs, le traitement rigoureux qu'inflige à nos prisonniers le Gouvernement espagnol, les soumettant de fait à un véritable esclavage, les astreignant à de durs travaux et leur faisant porter des menottes et des chaînes. Quelle confiance peut avoir mon Gouvernement dans l'honnêteté d'une nation qui viole le droit de la guerre et qui oublie les principes de philanthropie reconnus partout dans ce siècle?

Ainsi, autant mon Gouvernement est disposé à croire à la parole du Gouvernement Haïtien, autant il craint tout des autorités espagnoles.

Votre séjour dans cette ville vous aura donné l'occasion de remarquer la conduite qu'observe mon Gouvernement à l'égard des prisonniers péninsulaires : ceux-ci sont rationnés comme le soldat dominicain ; ils peuvent s'occuper des travaux particuliers. Plusieurs jouissent d'une complète liberté. En somme les plus surveillés souffrent seulement des peines résultant de leur condition.

Mon Gouvernement ne s'efforce pas et ne s'efforcera jamais de les aggraver. Vous qui avez vu de près la vérité de ce que nous avançons, vous pouvez juger la conduite des autorités espagnoles en la comparant à celle de mon gouvernement.

Comme les faits qui font l'objet de cette note se sont divulgués dans tout le pays, nous serions heureux de voir l'échange des prisonniers s'effectuer le plus vite possible, car mon Gouvernement veut éviter que l'irritation des esprits arrivée à l'extrême, ne provoque quelque incident regrettable.

Avec l'assurance de ma considération distinguée, j'ai l'honneur d'être votre dévoué serviteur.

Le Ministre des Relations Extérieures,

(S.) Manuel R. Objio.

Qu'est-ce qui s'était passé à Port-au-Prince pour rendre si soucieux le Commissaire Doucet et le colonel Roumain? Le Président d'Haïti va nous le dire lui-même. De propos délibéré, il avait élargi le champ de ses négociations diplomatiques en s'ouvrant au Chargé d'affaires de S. M. C. accrédité près de son gouvernement! Du coup, il en avait profité pour transporter à la capitale le siège de ses tractations secrètes, en écartant de son jeu le général de la Gandara Y Navarro. Il avait agi en militaire en rectifiant ses propositions sous le feu de l'ennemi. La manœuvre était hardie : elle ne pouvait que réussir sous peine d'aboutir à une catastrophe. Le général Geffrard n'était pas homme à s'effrayer pour si peu, les Dominicains lambinant il en avait profité pour prendre une offensive sur Madrid. Il y avait de quoi là, on l'avouera, rendre rêveur son envoyé dans la partie de l'Est, et cela d'autant plus que pour l'intelligence de ce récit, il faut savoir que le représentant de l'Espagne à Port-au-Prince était considéré par les membres du gouvernement provisoire dominicain, et cela non sans raison, comme un des principaux instigateurs de la nouvelle prise de possession du territoire de leur patrie.

Le courrier présidentiel était composé de trois documents. Le premier était officiellement adressé au colonel Ernest Roumain et au « citoyen » Décimus Doucet ; le second était une pièce annexée au premier et le troisième n'était autre chose qu'une lettre « personnelle et confidentielle » destinée à son aide de camp. La missive était d'importance ; elle portait à la connaissance de son destinataire des nouvelles sensationnelles. Ainsi muni d'instructions entièrement nouvelles, la délégation haïtienne allait reprendre les négociations arrêtées à Santiago de Los Caballeros, en laissant les chefs insurgés dominicains dans l'ignorance en grande partie, de ce qui avait été fait tant à Port-au-Prince qu'à Madrid. Laissons S. E. le Général Geffrard nous expliquer sa manœuvre. Comme toujours dans les graves circonstances, Boyer Bazelais avait servi de secrétaire au Président d'Haïti.

Cabinet particulier
du Président d'Haïti.

Port-au-Prince, le 24 *décembre* 1864. *An* 61^e
de l'Indépendance.

Au Colonel Ernest ROUMAIN, Aide-de-Camp et
au citoyen D. DOUCET, à Ouanaminthe.

Messieurs,

J'ai reçu avant hier soir le paquet que vous m'avez expédié de Santiago de Los Caballeros qui renfermait votre lettre datée du 4 du courant et les copies en langue espagnole, numérotées 39, 40 et 41 de trois documents relatifs à la mission dont vous êtes chargés.

Le premier de ces documents, daté du 14 décembre est la lettre qui vous a été adressée par les chefs dominicains et dans laquelle ils vous annoncent le regret de ne pouvoir adopter entièrement nos dernières propositions, propositions qu'ils ont réduites à deux points seulement.

Le second document est une autre que ces mêmes chefs vous ont adressée sous la même date contenant les deux propositions formulées en deux points A et B pour m'être transmises, avec prière, si je les trouve acceptables, de vouloir bien les faire parvenir au Chef des forces espagnoles.

Le troisième document est la supplique à Sa Majesté la Reine dont il est question dans la proposition B, laquelle serait portée à Sa Majesté par une commission mixte.

Je n'ai aucune objection personnelle à faire à ces deux propositions et je suis disposé à les transmettre au général de la Gandara comme le désirent MM. les Chefs dominicains et telles qu'ils les ont formulées.

Mais auparavant, je vais vous faire connaître les réflexions qu'elles m'ont suggérées, vous leur communiquerez ces réflexions en leur conseillant de ma part de les examiner avec une sérieuse attention. Je suis persuadé d'avance que s'ils se livrent à cet examen avec cet esprit de modération et de sagesse dont ils ont déjà fait preuve dans les présentes négociations, ils apprécieront ces réflexions comme elles méritent de l'être et ils les prendront en considération.

D'abord les propositions ainsi réduites à un simple

échange de prisonniers et à une supplique à Sa Majesté la Reine sont incontestablement un grand pas fait dans la voie de la réconciliation, mais elles n'atteignent pas le but principal que je m'étais plu à espérer dans l'intérêt des deux partis : la suspension des hostilités, c'est-à-dire l'effusion du sang arrêtée et de nouveaux malheurs empêchés. Mais quoique restreintes, elles sont un acheminement à la paix, cela me suffit pour les approuver et consentir à m'en rendre l'interprète. Je suis donc prêt, je vous le répète, à les transmettre au nom de ces Messieurs au chef des forces espagnoles, telles qu'elles sont formulées dans le document n° 40.

Mais je me suis demandé : Est-ce bien au général de la Gandara que doivent être transmises les propositions dont il s'agit? Incontestablement la proposition d'échange des prisonniers peut être adressée sans inconvénient à cet officier général, et sans avoir reçu préalablement d'instructions de son gouvernement, il peut sous sa responsabilité l'accueillir et traiter de cet échange.

A cet égard, il n'y a donc aucune objection à faire. Mais le général de la Gandara consentira-t-il à participer à la composition d'une commission mixte, même dans les termes restreints offerts par les Dominicains? Je ne le pense pas. Consentira-t-il à donner son approbation à l'envoi d'une délégation, comme les Dominicains le demandent? Voudra-t-il donner son opinion sur les termes de la supplique à la Reine? Je ne le pense pas non plus.

Pour ce qui concerne la rédaction de la supplique à la Reine et sa transmission à Madrid, je suis d'avis de m'entendre à cet égard directement ici avec M. Marino Alvarez, chargé des affaires du Gouvernement espagnol. Cette manière de procéder nous éviterait des lenteurs. Et puis, ne s'agissant plus d'une trêve militaire, mais d'une proposition politique, il est plus naturel et plus conforme aux convenances que je me mette en rapport, même officieusement avec le Représentant de Sa Majesté catholique près de mon Gouvernement.

Je vous dirai qu'ayant eu l'occasion de voir M. Alvarez hier, je lui ai communiqué mes démarches près des Chefs Dominicains et les dernières propositions que je venais de recevoir, et je lui ai demandé s'il serait disposé à transmettre à Madrid la supplique du peuple dominicain à Sa Majesté la Reine. J'ai trouvé M. Alvarez prêt à me prêter son concours. Cette manière de procéder n'aurait pas seulement pour avantage d'éviter les lenteurs et peut-être les retards que pourraient nous occasionner les objections du général de la Gandara, mais encore elle est préférable à l'envoi d'une députation.

Le ministère espagnol se trouvera placé à Madrid entre deux courants d'idées, entre deux partis également puissants et qu'il désire également ménager : le parti qui veut l'abandon et le parti qui veut le maintien de l'Occupation à tout prix. Ce ministère se propose de soumettre la question aux prochaines Cortès, et je crois pouvoir donner dès à présent, aux Chefs dominicains l'assurance que ce Ministère est en faveur de l'abandon, mais de l'abandon à de certaines conditions et pourvu surtout que la dignité et l'honneur espagnols restent intacts.

La présence à Madrid de députés dominicains, en soulevant des difficultés de formes et d'étiquette, pourrait créer peut-être des embarras au Ministère espagnol. Ne vaut-il pas mieux laisser toute sa liberté d'action puisqu'on est sûr de ses bonnes dispositions? Le général de la Gandara, pas plus que M. Alvarez, ne pourrait régler d'avance les conditions de l'accueil qui serait fait à une députation. Pour toutes ces considérations, j'estime donc qu'il est convenable que je remette la supplique à la Reine, à son représentant près de mon Gouvernement qui la transmettra lui-même au gouvernement espagnol. J'accompagnerai la supplique d'une lettre autographe à Sa Majesté dans laquelle je la prierai d'être favorable aux vœux et aux prières des dominicains.

Si cette supplique est favorablement accueillie par Sa Majesté la Reine, et que les Cortès se prononcent pour l'abandon, c'est alors seulement que le moment sera venu pour les Chefs Dominicains d'envoyer à Madrid, une députation pour s'entendre sur les questions préliminaires de la paix définitive. Agir autrement, ce serait agir sans prudence et peut-être qui sait, s'exposer, je ne dirai pas à une humiliation, mais à quelque froissement d'amour-propre.

Que chacun reste chez soi et en armes (puisque à mon grand regret il n'en peut être autrement) jusqu'à ce que d'une part comme de l'autre, on se soit montré disposé à la paix.

Voilà mon opinion quant à la marche à suivre pour faire parvenir à S. M. la Reine la supplique du peuple dominicain. Il me reste à vous dire ce que je pense de la forme de cette supplique. Je le répète encore, je suis prêt à la transmettre telle qu'elle est formulée dans le n° 41. Mais j'ai promis aux chefs dominicains, dès le début de cette négociation de leur parler avec franchise et loyauté, et de ne leur donner que des conseils que je suivrais moi-même, si j'étais dans leur position.

Eh bien ! je le dis en toute sincérité la supplique dont j'ai la copie sous les yeux ne remplira point le but qu'ils veulent atteindre et que je désire moi-même ardemment pour eux. Cette supplique a un tort grave selon moi : c'est de revenir sur le passé. Je me renferme dans cette seule observation et je propose à ces messieurs d'adopter la formule que je vous envoie. Ils comprendront en la lisant l'esprit d'impartialité et les sentiments de justice et de modération qui l'ont dictée. Je considérerai comme un des plus grands bonheurs de ma vie, comme une des gloires les plus pures de mon administration présidentielle, d'avoir contribué efficacement à rendre au peuple dominicain la paix et l'indépendance. Mais je ne voudrais, je le jure, obtenir ce résultat au prix d'aucun acte pouvant porter atteinte à l'honneur et à la dignité de ce peuple si digne d'intérêt par son courage et ses malheurs.

Telles sont les réflexions que m'ont suggérées les trois documents que vous m'avez envoyés. Soumettez-les aux Chefs Dominicains et selon ce qu'ils auront décidé, j'agirai.

Recevez, Messieurs, la nouvelle assurance de mon affectueuse considération.   (S) GEFFRARD.

La supplique rédigée par les Chefs insurgés dominicains ayant été trouvée mauvaise et impolitique par le président d'Haïti, il en avait rédigé une autre, à sa convenance, pour le gouvernement provisoire dominicain. Lui-même en avait vanté l'excellence au colonel Roumain comme nous venons de le voir. Le document au sens propre du mot, est diplomatique : le général Geffrard pour la circonstance avait pris sa plume de Tolède. Voici la supplique qui devait être signée par les insurgés de l'Est, sans commentaire. Elle avait été calligraphiée par un employé du Cabinet particulier du Président de la République.

Madame,

Le Peuple dominicain,

Représenté par les Chefs soussignés, entre les mains desquels il a mis sa confiance, le soin de ses intérêts et la défense de ses droits,

Vient, avec un profond respect, supplier Votre Majesté de jeter un regard compatissant sur la situation désastreuse de la portion orientale de l'Ile d'Haïti.

Cette portion de terre, patrie du PeupleDominicain, était, il y a quatre ans à peine, constituée en une République libre et indépendante.

Par des circonstances, que Votre Majesté ignore peut-être et qu'il serait trop pénible de rappeler ici, la liberté et l'indépendance du peuple dominicain lui ont été ravies et sa patrie a été annexée aux possessions déjà si vastes de votre glorieuse couronne.

Pendant quatre ans, le Peuple dominicain a supporté impatiemment la perte de ses droits les plus chers et les plus sacrés ; puis un jour est venu où, unanime dans ses sentiments, il en a appelé à Dieu et à son courage pour reconquérir sa patrie.

Depuis plus de seize mois, cette petite portion de terre offre au monde entier le triste spectacle d'une lutte dont gémit l'humanité.

Écoutez, Madame, daignez écouter cette voix unanime de tout un peuple qui s'adresse à Votre magnanimité et aux sentiments généreux de votre grand cœur, en vous demandant de faire cesser cette lutte et de lui rendre ce qu'il a perdu.

La voix du peuple, c'est la voix de Dieu, c'est celle de la vérité.

Le peuple dominicain, avec une profonde douleur, dit à Votre Majesté : Là où furent autrefois des cités florissantes, on ne voit plus aujourd'hui que des monceaux de ruines et des cendres ; dans nos campagnes naguère encore couvertes de fruits et de troupeaux, ces richesses ont disparu ; on ne trouve plus que des champs dévastés et déserts... partout la misère et la désolation, partout le désespoir et la mort.

Avec une profonde douleur, le peuple dominicain dit encore à Votre Majesté :

Dans ce drame homicide, le sang qui coule de part et d'autre depuis seize mois, c'est un sang précieux.

D'une part, c'est le sang du peuple malheureux et innocent, mais fier comme le sont ceux dont il descend ; c'est le sang d'un peuple courageux, déjà rudement éprouvé, mais résigné à tous les sacrifices et résolu à s'ensevelir sous les ruines et les cendres qui s'amoncellent autour de lui, plutôt que de ne pas être libre et indépendant.

D'autre part, c'est le sang d'une nation grande, généreuse et chevaleresque entraînée fatalement dans cette lutte sans gloire et sans profit pour elle et dont les valeureux bataillons, lancés peut être à regret sur ce sol qu'ils ne défendent que par honneur militaire tombent, avant de combattre, victimes d'un climat meurtrier.

Telle est, Madame, la vérité, telle est cette affreuse

situation sur laquelle nous appelons l'attention élevée de Votre Majesté.

Entre le peuple dominicain et la Nation espagnole, il ne peut exister ni animosité, ni haine. Le peuple n'a jamais eu la prétention de porter atteinte à l'éclat des armes espagnoles. Si entre ces deux peuples, qui pendant si longtemps ont été liés par de profondes sympathies, une lutte fatale a été engagée, la faute n'en est ni à l'un, ni à l'autre.

Convaincu que cette lutte prolongée plus longtemps ne ferait qu'ajouter infailliblement de nouveaux malheurs à ses désastres, convaincu qu'en définitive, malgré son courage, ses héroïques efforts et tous ses sacrifices, la victoire, comme toujours, resterait à la supériorité des forces, le Peuple dominicain, mû par des sentiments d'humanité, s'est décidé à mettre sous les yeux de Votre Majesté ce simple exposé de la situation de sa patrie.

Et plein de confiance dans cette magnanimité dont Votre Majesté a déjà donné tant de preuves depuis qu'Elle s'est assise sur le trône illustre de ses ancêtres, le peuple dominicain dont les Soussignés, sont les interprètes fidèles et loyaux, supplie encore une fois Votre Majesté d'arrêter l'effusion du sang et de faire cesser cette déplorable situation.

Que Votre Majesté veuille que la paix soit faite et la paix sera faite.

Que cette portion de terre, patrie des Dominicains soit détachée par votre volonté magnanime, des vastes possessions de Votre glorieuse couronne. La Nation espagnole applaudira à cette généreuse résolution et elle n'en sera ni moins grande ni moins puissante.

Que la paix et la tranquillité par Votre volonté

royale, soient rendues au peuple dominicain et cette concession sera l'un des actes les plus glorieux de votre règne, car ce sera un acte d'humanité et d'éclatante justice.

Il n'y a pas à dire, la supplique du Président d'Haïti est un petit chef-d'œuvre. Il a dû se frotter les mains en la lisant, car il avait fait le tour de force pour l'écrire, de se mettre dans la position des membres du Gouvernement provisoire de la République Dominicaine. Voyons, sans inconvenance, la teneur de la lettre « personnelle » et « confidentielle », le troisième document du courrier du Général Geffrard et peut-être le plus important. Le colonel Roumain et le commissaire Doucet ont dû certainement la commenter en secret pour la bonne raison que les murs, dans tous les pays du monde, ont parfois des oreilles.

Les nouvelles, disions-nous, étaient sensationnelles, elles le sont encore, à notre humble avis, jugez-en lecteur, l'histoire de notre pays n'est pas encore écrite.

Cabinet particulier
du Président d'Haïti.

> *Port-au-Prince, le 24 décembre 1864,*
> *An 61e de l'Indépendance.*

Personnelle et confidentielle.

> Au Colonel E. ROUMAIN,
> mon Aide-de-Camp à Ouanaminthe.

Mon cher Ernest,

Les derniers documents dominicains que vous m'avez envoyés me sont parvenus comme je vous l'ai dit dans ma lettre de ce jour, le 21 dans la soirée. La veille, j'avais reçu les dépêches de notre Ministre à Madrid.

Dans ces dépêches, le colonel Madiou m'annonce que : dans un entretien confidentiel qu'il a eu le 24 novembre avec M. Lorente, Ministre d'État espagnol, ce ministre lui a annoncé que le Gouvernement espagnol avait connaissance de la démarche faite par le colonel Van Hallen au nom du général de la Gandara ; que le gouvernement espagnol approuvait cette démarche et serait satisfait de me voir interposer mes bons offices près des chefs dominicains pour arriver à une prompte pacification de la province espagnole de l'Est.

Dans sa dépêche confidentielle datée du 27 novembre, le colonel Madiou, après m'avoir fait part de cette nouvelle, ajoute : « Le Ministre d'État m'a ensuite exprimé, pour obtenir ce résultat, les vues suivantes :

1o Le Cabinet de S. M. C. ne s'engage à rien, il ne peut rien décider sans le concours des Cortès. Mais il est décidé à leur proposer une prompte solution de la question de Santo Domingo ;

2o Les vues du Cabinet de S. M. C. étant de mettre un terme à la lutte qui ravage la province espagnole de Santo-Domingo, dans un but humanitaire, et d'accord avec les Cortès, il consentirait à recevoir une supplique des insurgés adressée à Sa Majesté la Reine, dans laquelle ils exposeraient qu'ils ne peuvent plus continuer la lutte contre leur mère-patrie qui, infailliblement, tôt ou tard, si elle veut faire un effort, parviendrait à les soumettre ; que la lutte est donc inutile et qu'ils s'adressent la magnanimité de Sa Majesté pour la faire cesser.

Cette supplique remise au Chargé d'Affaires d'Espagne à Haïti qui la transmettrait au Gouvernement de S. M. C. faciliterait la démarche que ferait le Cabinet actuel auprès des Cortès pour obtenir la solution de la question de Santo-Domingo à la satisfaction de tous les intéressés ;

3° Cette démarche pourrait être faite lors même que les insurgés dominicains demeureraient en armes ».

Ceci vous explique clairement les motifs qui m'ont dicté la lettre collective que je vous adresse aujourd'hui et les raisons qui me font insister pour que les chefs dominicains renoncent à l'envoi d'une députation à Madrid et consentent à modifier les termes de leur supplique.

Aujourd'hui que par les confidences officielles de M. Lorente au colonel Madiou, il est permis de voir dans le jeu espagnol, si les Dominicains veulent gagner la partie, il faut qu'ils jouent dans ce jeu. Donc, sans rien confier aux chefs dominicains de ce qui nous revient confidentiellement de Madrid, sans rien leur affirmer, vous pouvez leur faire comprendre que mes démarches et mes conseils près d'eux me sont suggérés par la connaissance que j'ai des dispositions du gouvernement espagnol et que je suis certain que s'ils suivent en tout point mes conseils, ils obtiendront en définitive un succès que ne pourraient jamais leur donner ni leur valeur, ni aucun sacrifice.

Je préfère avoir à m'entendre avec M. Alvarès plutôt qu'avec le général de la Gandara pour ce qui concerne la supplique pour les raisons que j'ai déduites dans ma lettre collective de ce jour. Formulée dans les termes que j'indique, M. Alvarès ne se bornera pas à la transmettre, il l'appuiera. Lui aussi voudrait bien voir terminer cette malheureuse affaire de l'Est, soyez en certain. Que les chefs dominicains écartent de leurs esprits les défiances qu'a fait naître en eux la participation de M. Alvarès à l'annexion. Les hommes politiques changent selon les circonstances : M. Alvarès est un homme politique. Il serait mortellement froissé, si la supplique était envoyée par l'intermédiaire du général de la Gandara et nous aurions un appui de moins, et peut-être un adversaire.

Je tiens essentiellement à ce que le projet de supplique que je vous envoie soit adopté, tel qu'il est formulé. Sans être arrogant ni injurieux, il est fier et digne, il dit justement tout ce qui peut être dit sans froisser l'orgueil espagnol, et il laisse clairement deviner ce qui ne peut être dit. Il vaut mieux que ce soit le « Peuple Dominicain qui parle, plutôt que ses « chefs ».

Ces expressions « convaincu qu'en définitive, malgré son courage, etc, » ne sont que l'expression de cette vérité générale « que la victoire appartient toujours aux grands bataillons », l'énonciation de cette vérité que les Dominicains ont déjà plus d'une fois proclamée dans leurs écrits antérieurs, n'a rien qui puisse froisser leur amour propre, ni diminuer les succès réels qu'ils ont obtenus jusqu'ici. Et cette phrase est dictée par la communication confidentielle faite au colonel Madiou : il faut la maintenir pour satisfaire l'orgueil espagnol. Enfin rappelez aux chefs dominicains la situation de la République d'Haïti vis-à-vis de la France en 1825. La France voulait que l'indemnité exigée par elle fût considérée comme le prix de l'Indépendance haïtienne et elle fixait cette indemnité à 150 millions de francs. Le Président Boyer, mettant sa confiance dans l'avenir eut la sagesse de subir ces exigences. L'avenir lui a donné raison. Notre indépendance a été reconnue plus tard sans condition, et l'indemnité de 150 millions a été réduite en définitive à 60 millions. Que les Chefs dominicains n'aient en vue qu'une chose : rendre à leur patrie sa liberté et son indépendance.

Subir une exigence n'est pas subir une humiliation.

Je ne fais que vous indiquer sommairement quelques-unes des raisons qui militent en faveur de l'adoption de mes sages conseils; il y en a bien d'autres aussi concluantes qui ne manqueront pas de se présenter à votre esprit en vous pénétrant bien de la situation. Quant à l'échange des prisonniers aussitôt votre retour ici, je me mettrai en rapport avec le capitaine-général pour régler le mode et les conditions de cet échange. L'exécution de ce premier point ne souffrira, je l'espère, aucune difficulté.

Si vous jugez à propos de retourner à Santiago pour arriver à une conclusion définitive et dans les termes que je vous indique par ces dernières instructions, retournez-y. Je vous recommande seulement de vous hâter. Je voudrais être en mesure d'expédier la supplique à la Reine par le premier packet de janvier, au plus tard par celui du 20. Votre lettre du 19 m'est parvenue aujourd'hui.

Communiquez cette lettre à Doucet et croyez tous les deux à mon amitié.

(S.) GEFFRARD.

P.-S. — Encore une dernière observation ; elle est de pure forme ; mais elle n'en est pas moins importante et je vous la recommande tout particulièrement. La supplique doit être écrite sur une feuille de papier sans aucun en-tête imprimé ou manuscrit faisant mention de la République Dominicaine et la signature de chacun des chefs apposés au bas de la supplique ne devra être ni précédée ni suivie d'aucune qualité. La transmission de cette pièce et sa réception par la Reine, dépendent absolument de l'observance de cette condition qu'il faut considérer comme une condition *sine qua non*.

(S.) G_D.

Le colonel Roumain encore fortement déprimé par les fatigues de son voyage de retour à Ouanaminthe et la sérieuse maladie qu'il avait faite à Santiago de Los Caballeros, n'avait pas hésité une seconde, le devoir pour les hommes de cette nature passant avant tout, à retourner à la capitale provisoire de la République dominicaine, où sa présence était plus que jamais nécessaire depuis la réception du dernier courrier présidentiel.

Il était donc reparti seul pour la partie de l'Est, le Commissaire Doucet plus rhumatisant que jamais, ayant été contraint de rester à Ouanaminthe et de tenir compagnie par la force des choses, au général Philanthrope Noël. Son fidèle compagnon allait beaucoup manquer pour la suprême partie qui devait se jouer, au représentant du général Geffrard, car on ne vit pas impunément côte à côte des heures souvent pénibles, mais toujours glorieuses pour soi et son pays, pour ne pas se quitter sans regret. Le délégué haïtien suivi d'une escorte de quelques hommes avaient laissé Laxavon le 30 décembre à sept heures du matin et était arrivé à Santiago de Los Caballeros le 1er janvier 1865 dans la matinée Sitôt descendu de cheval, et sans avoir même changé de vêtements, il s'était présenté au siège du gouvernement provisoire. En trois jours, il avait obtenu d'éclatantes victoires sur le terrain diplomatique pour le plus grand honneur du général Geffrard, son Chef, et le bonheur du Peuple dominicain. Les négociateurs dominicains avaient été eux aussi à la hauteur des événements en faisant au destin des sacrifices nécessaires par l'acceptation sans réserve des suprêmes propositions du président d'Haïti. Par sa dépêche du 3 janvier, le colonel Roumain annonçait à Son Excellence le général Fabre Geffrard, la fin de sa mission. Elle est d'une impressionnante simplicité ; la voici. L'Histoire ne méritait pas de perdre un pareil document.

Santiago de Los Caballeros, le 3 janvier 1865.

A Son Excellence le Président d'Haïti.

Président,

Jeudi dernier, 29 décembre, j'ai eu l'honneur de recevoir à Ouanaminthe la dépêche que vous m'avez adressée le 24 et au commissaire Doucet, ainsi que votre lettre confidentielle de la même date, pour faciliter l'accomplissement de ma mission. Sous les plis de la première, j'ai trouvé la formule de la supplique que je devais conseiller aux dominicains d'adopter.

J'ai cru devoir mettre à profit la faculté que vous avez bien voulu me laisser de retourner ici pour mieux m'entendre avec les Chefs Dominicains, et tâcher d'arriver avec eux à une conclusion définitive, dans les termes qui m'ont été prescrits.

Le lendemain 30 décembre, à sept heures du matin, j'ai quitté Laxavon pour cette ville, où je suis bien arrivé le premier jour de l'an ; à dix heures du matin. Sans attendre ma bête de charge qui était encore loin derrière, sans changer de costume de voyage, je me suis mis de suite en rapport avec les Chefs Dominicains auxquels j'ai communiqué votre lettre officielle et la formule de la supplique à la Reine.

Ils ont très bien accueilli toutes les modifications que je leur ai proposées en votre nom, et d'après quelques objections, que j'ai eu le bonheur de combattre avec succès, ils m'ont donné une nouvelle preuve de leur sagesse et de leur modération en me permettant de suivre strictement tous vos bons conseils.

Hier 2 du courant, deux des membres du Gouvernement sont encore venus conférer avec moi ; puis ils se sont tous réunis en conseil. Après délibération ils ont maintenu la promesse qu'ils m'avaient faite la veille, sauf la modification d'un « mot » dans la supplique. La formule que vous m'avez envoyée commence ainsi : « Le Peuple dominicain représenté par les « Chefs » soussignés, etc. Cette phrase a été modifiée comme suit : Le peuple dominicain, représenté par ses « gouvernants » soussignés, etc. Tout le reste a été accepté. Je me félicite surtout d'avoir obtenu la renonciation à leurs titres et qualités, auxquels ils m'avaient précédemment déclaré devoir rigoureusement tenir.

Voici donc, Président, le résumé de mon second voyage à Santiago :

1º Les Dominicains acceptent avec plaisir les bons offices de M. Alvarez, chargé d'affaires d'Espagne près le Gouvernement d'Haïti, pour la transmission de leur supplique à la Reine. Ils ajournent l'envoi de leur députation à Madrid jusqu'au moment opportun ;

2° Ils acceptent aussi la formule de supplique que vous leur avez envoyée, sauf la modification d'un mot, ainsi que j'ai eu l'honneur de vous l'annoncer plus haut ;

3° Cette supplique est écrite sur du papier blanc sans aucun entête ; les signatures ne sont ni précédées, ni suivies d'aucune qualité.

Ils m'ont expliqué les motifs du changement de mot déjà parlé, en me faisant remarquer qu'ils ne sont pas les seuls chefs dominicains, qu'il y en a beaucoup d'autres ; qu'en adoptant de préférence l'expression « gouvernants », ils n'ont eu d'autre pensée que celle de faire ressortir qu'ils sont autorisés à écrire et à traiter au nom de ce peuple. J'ai cru donc devoir accepter cette modification, contre leur renonciation à leurs titres et qualités au bas de la supplique au moment de la signature de ce document.

Conformément à tout ce qui précède, j'ai l'honneur, Président, de vous remettre sous ce pli : 1° Un paquet adressé à S. M. C. provenant de MM. les Chefs dominicains, contenant la supplique qu'ils adressent à S. M. pour lui demander la paix et la restitution de leur indépendance ; 2° Une copie de cette dépêche.

Ces Messieurs m'assurent qu'ils ont fait une traduction fidèle de votre formule. Je ne puis en juger, étant privé du concours du commissaire Doucet qui est resté malade à Ouanaminthe. Il vous sera facile de vous en assurer, par la copie que je vous envoie.

N'ayant plus rien à faire ici, et comme vous m'annoncez que vous attendez mon retour pour vous mettre en rapport avec le général la Gandara, et régler le mode et les conditions de l'échange des prisonniers. Je repartirai d'ici demain matin pour Ouanaminthe, où j'ai l'espoir de recevoir l'ordre de retour que vous aurez daigné m'envoyer.

Je serai très heureux, Président, si les efforts que j'ai faits pour réaliser vos espérances et me conformer à vos prescriptions, et si les résultats de ma mission avaient le bonheur d'obtenir votre haute approbation.

Veuillez agréer, Président, la nouvelle assurance de mon dévouement et de mon affection.

(S.) Ernest Roumain.

Le 4 janvier, en effet, pour la seconde fois, le colonel Roumain prenait solennellement congé du gouvernement provisoire de la République Dominicaine, sa mission ayant pris fin. Au moment de se mettre en selle, il avait reçu du Ministre de l'Intérieur, en guise de remerciements pour les services qu'il avait rendus à son pays, une magnifique boîte de cigares qu'accompagnait un charmant billet. Le commissaire Doucet, quoique absent, n'avait pas été oublié en la circonstance. Maximo Grullon avait laissé parler son cœur : son style est régence, écoutons-le plutôt.

MM. D. Doucet et E. Roumain.

En Ville.

Chers Messieurs et Amis,

Par le porteur, je vous envoie deux cents cigares, cent pour chacun de vous, que je vous prie de recevoir et de fumer en mon nom, en vous priant d'excuser la qualité et la condition de l'envoi.

Je désire que si vous y trouvez du plaisir, vous les

fumiez en souvenir des moments agréables dont vous avez pu jouir dans ma patrie pendant votre séjour ici, et je désire aussi que les maux dont souffre M. Doucet disparaissent pour toujours avec la fumée de ces cigares.

J'espère que la Providence vous amènera avec bonheur chez vous afin de vous permettre de rendre compte de la mission dont vous vous êtes si dignement acquittés près de la République dominicaine.

Je me souscris, avec la haute considération et estime, votre très affectueux ami qui vous baise la main.

Signé : Maximo GRULLON.

Enfin à Ouanaminthe la délégation haïtienne munie pour ainsi dire de ses lettres de rappel du Président d'Haïti, s'était mise en route à destination de Port-au-Prince. Le colonel Roumain et le commissaire Doucet ont dû lire avec une réelle satisfaction ce mot d'ordre tant attendu du général Geffrard. Lisons sa lettre après ceux auxquels elle était destinée avant de clore la mission Roumain :

Cabinet particulier
du Président d'Haïti.

Port-au-Prince, le 9 janvier 1865.
An 62e de l'Indépendance.

Au Colonel Ernest ROUMAIN, et au
Commissaire du Gouvernement
Décimus DOUCET, à Ouanaminthe.

Messieurs,

J'ai reçu hier la lettre que le colonel Roumain m'a adressée de Santiago, à la date du 3 courant, ainsi que les deux documents qui accompagnaient cette lettre : la supplique des Chefs dominicains à Sa Majesté catholique et la copie de cette pièce. Votre mission étant terminée, vous voudrez bien vous mettre sans retard en route pour retourner auprès de moi à la Capitale. Vous pouvez, en vous rendant promptement au Cap Haïtien, profiter du vapeur de la ligne de cette semaine.

Je ne terminerai pas, Messieurs, sans exprimer combien je me félicite des résultats jusqu'ici obtenus, de la mission qui vous a été confiée, résultats qu'ont certainement contribué à amener vos efforts intelligents et dévoués.

Recevez, Messieurs, l'assurance de mon affectueuse considération.

(Signé) GEFFRARD.

Les négociations secrètes se sont poursuivies pendant tout le mois de janvier entre le Palais National, Santiago de Los Caballeros et le général de la Gandara y Navarro pour l'échange des prisonniers de guerre.

Nous entrons ici de plein pied dans l'histoire Dominicaine. Les efforts, la ténacité et la sagacité politique de Fabre Geffrard avaient triomphé des événements : la partie de l'Est au soleil de 1865 avait été libérée des troupes castillanes, l'Espagne les ayant rappelées. La République Dominicaine était désormais libre et maîtresse de ses destinées ; mais personne n'avait jamais soupçonné les circonstances exceptionnelles et l'intervention mystérieuse qui avaient amené un pareil résultat qui paraissait à tous impossible à atteindre, le « cabinet secret de l'histoire » ayant jalousement gardé son secret

Les dominicains avaient reconstitué leur patrie, mais le général Geffrard, le colonel Ernest Roumain et le Commissaire du Gouvernement près le Tribunal de Cassation. Décimus Doucet avaient assisté, lèvres closes à cette apothéose en restant dans la coulisse. Les honneurs du triomphe dominicain ne devaient pas aller à eux, ils le savaient, et en dehors de quelques familiers mis au courant de la mission au cours de conversations intimes, le rôle considérable qu'ont exercé ces trois hommes sur les destinées du peuple dominicain et la sauvegarde de l'honneur espagnol, devait être ignoré de l'histoire. Le dossier de sa mission dans la partie de l'Est avait été jalousement conservé par le colonel Roumain. Il avait déchiré tous ses papiers politiques : il n'avait conservé que ceux-là parce qu'ils lui rappelaient des souvenirs inoubliables tant pour lui que pour son pays.

Plus tard, quand le Chargé d'affaires d'Espagne à Port-au-Prince viendra lui apprendre qu'il allait être décoré par S. M. la Reine de la grand'Croix d'Isabelle la Catholique, en bon républicain qu'il était, il avait refusé cet honneur, parce que disait-il, il n'avait rendu aucun service à l'Espagne ; qu'il n'avait fait que servir sa patrie et exécuter les ordres du Président d'Haïti. Les cendres de Fabre Geffrard, d'Ernest Roumain et de Décimus Doucet en voyant surgir leur œuvre qu'ils avaient crue à jamais perdue, ont dû bondir de leurs cercueils à faire craquer leurs tombeaux.

Lorsque Spencer St John, dans son ouvrage sur Haïti, a tracé un portrait grotesque du Président Geffrard, il a menti. Quand il écrivait les phrases qui suivent : « En 1865, l'Espagne abandonna Saint-Domingue et la République dominicaine fut rétablie.

Si jamais on publie l'histoire véritable de cette restauration temporaire de la colonie, les Espagnols eux-mêmes seront étonnés des révélations d'iniquité et de fourberies mises en jeu pour soulever contre eux la révolution » il a encore menti.

Feu le vicomte E. de Voguë a dit quelque part en parlant de Pierre le Grand : « L'homme est grand dans la mesure où il crée, mais pour assigner à un créateur sa vraie place, le philosophe s'inquiète plus encore des éléments dont il disposait que du résultat obtenu». Cette pensée peut s'appliquer au gouvernement de Geffrard. Le jour ne tardera pas à luire où s'ouvriront les archives et les armoires de fer des uns et des autres pour le plus grand triomphe de la vérité historique haïtienne : alors l'histoire nationale surgira, métamorphosée.

Le général de la Gandara y Navarro, de retour en Espagne, avait été pris à partie par l'opinion publique exaspérée par la désastreuse campagne de Saint-Domingue. Il avait écrit pour sa justification l'histoire de cette déplorable aventure et avait dit au peuple espagnol toute là vérité sur cette affaire et rien que la vérité. Il avait également parlé d'Ernest Roumain, de Fabre Geffrard et de Boyer Bazelais, mais il avait raconté autrement la mission Roumain dans la partie de l'Est. Nous verrons, peut-être ensemble, lecteur, plus tard, ce qu'il en avait pensé.

UNE FANTAISIE DU LIEUTENANT CARRIÉ EN L'AN DE GRACE 1830

Les promeneurs qui ont dû croiser dans les rues de Santo Domingo, le 11 avril 1830, le général Jérôme Maximilien Borgella, commandant de cet arrondissement de par la volonté de S. E. Jean-Pierre Boyer, Président d'Haïti, ont dû lui trouver un air rêveur et quelque peu soucieux. Ils ont dû voir, sans peut-être essayer de comprendre, et s'en étaient sans doute lavé les mains en pensant à juste titre qu'il ne fait pas toujours bon de s'occuper des grands. Quoiqu'il en soit, le général Borgella était maussade et nerveux. Étaient-ce les affaires de l'État qui ne marchaient pas? Ces diables de français, adversaires redoutables, avaient-ils débarqué cinquante mille hommes dans différents ports de la République? Ou le Président d'Haïti était-il mort? Dieu merci, il n'était rien de tout cela : le char de l'État était plus que jamais sur ses roues marchant à bonne allure et l'ordre, selon la vieille formule sacramentelle « régnait sur toute l'étendue du territoire ». Pourtant le Commandant de l'arrondissement deSanto Domingo avait des raisons sérieuses pour être mécontent : il avait à se plaindre de l'attitude du lieutenant Carrié.

Le lieutenant Carrié, fils de général de brigade Alexis Carrié, Commandant la place de Santo Domingo, s'était livré le samedi saint compté 10 avril de l'an de grâce 1830, à une bruyante fantaisie contraire à tous les points de vue aux règlements militaires et qui avait causé dans toute la ville une certaine émotion. La vérité est que pour tout autre délinquant, l'affaire aurait été réglée par des arrêts de rigueur, mais comme le général de division Jérôme Maximilien Borgella et son subordonné le général de brigade Alexis Carrié, en bons soldats et en bons haïtiens qu'ils étaient, se détestaient fraternellement, l'incident bruyant en lui-même, avait pris une grave tournure et allongé d'autres griefs contre le père, avait été porté à la connaissance du Président d'Haïti tranquillement installé à Port-au-Prince, au palais national. Le général Borgella avait précisément à ce sujet, ce 11 avril 1830, rédigé un rapport vengeur au seul homme qui lui fût supérieur par le grade et l'importance dans toute l'étendue de la République, du cap Tiburon à l'Ozama, nous avons dit S. E. Jean Pierre Boyer. Les petites choses en ce monde ont parfois une grande importance selon le rang social de ceux qui les accomplissent : la suite de ce récit va nous le prouver surabondamment.

L'affaire en elle-même, ne méritait pas un rapport, ce qui n'empêche pas qu'elle avait servi de thème à une correspondance qui avait duré deux bons mois. La fantaisie du lieutenant s'était faite, excusez du peu, à coup de fusils. C'était une vieille tradition locale, on peut dire en honneur dans le pays en entier, nous l'avons bien connue, qui en avait été le prétexte initial. Il s'agissait, en réalité, gardons notre sérieux, des juifs empaillés que les enfants, après exposition, mettent joyeusement à mort le samedi saint quand les cloches des églises annoncent que le Christ est ressuscité. Donc, les dominicains de Santo Domingo, ou plutôt les haïtiens de cette ville, à cette époque il n'existait pas encore de dominicains, pour la semaine sainte de l'année 1830, s'étaient conformés à cet innocent usage que leur avaient transmis leurs pères. Le général Borgella qui devait être voltairien, — les hommes de l'Indépendance l'étaient à peu près tous, Pétion fut le plus célèbre d'entre eux, — avait trouvé naturellement à redire, parvenu au commandement de l'arrondissement de Santo Domingo, au sujet de cette naïve tradition. Par arrêté placardé dans la ville, siège de son commandement, il avait formellement supprimé la confection « des mannequins imitant les juifs », dans le louable but, il va de soi, d'arracher la « populace » de ses administrés au « fanatisme » et de plaire en outre aux levantins, qui, paraît-il, à cette époque, étaient en assez bon nombre dans notre partie de l'Est. D'une pierre notre général avait fait deux coups. Point n'était besoin pour lui cependant dans son premier rapport au Président d'Haïti d'écrire la longue et savoureuse phrase que voici qui n'est qu'une mauvaise périphrase : « dès que j'eus le commandement de cet arrondissement, me conformant aux principes tolérants de nos lois et aux vues bienveillantes du Gouvernement à l'égard des hommes qui viennent commercer avec nous, je défendis ces sortes de scandales, toujours contraires au bon ordre. « Il a voulu dire sans doute au bon ordre des rues ».

Le lieutenant Carrié avait justement enfreint cet arrêté de propos délibéré, prétend l'acrimonieux Borgella, puisqu'il affirmait à Jean-Pierre Boyer, l'avoir vu sortir de la messe avec son père, se diriger vers leur maison d'où, toujours le lieutenant Carrié s'entend, « suivi d'une troupe de canailles, il fit sortir et pendre à une corde qu'il avait attachée au balcon, un des mannequins en faisant tirer dessus par la garde du bureau de la place et ensuite faire mettre le feu, en même temps que sur d'autres points de la ville, on faisait commettre les mêmes scandales ». Voici qui est précis : c'est égal, la prose du secrétaire du général Borgella est détestable ; car nous voulons bien croire pour son prestige littéraire qu'il n'avait point, concernant ce rapport, tenu la plume personnellement.

Devant cette fantaisie du lieutenant Carrié dont l'anomalie était patente, le commandant de l'arrondissement avait fait une enquête très sérieuse aux fins d'en connaître toute la portée. Le but de cet esclandre n'était que symbolique à ce qu'il paraît, l'exécution sommaire d'un juif empaillé n'était qu'une vengeance, prétendait encore le général Borgella, et ceci d'après les doléances mêmes qu'il avait reçues des levantins de Santo Domingo, qui aurait été exercée contre les vrais juifs en chair et en os de la ville, à l'instigation du général Carrié. Ce résultat de l'enquête était d'autant plus grave que le commandant de la place avait été dénoncé au Président d'Haïti, précisément par les « négociants juifs » qui avaient eu, paraît-il, à se plaindre de lui. Ils s'étaient tous naturellement reconnus dans la victime empaillée du lieutenant Carrié. En présence d'une pareille attitude du fils de la seconde autorité de la ville, l'émotion et l'indignation ne pouvaient être qu'à leur comble, ce 11 avril 1830, sur les bords de l'Ozama. Peut-être le commandant de l'arrondissement traduisait-il le sentiment pouplaire quand il s'était écrié à la fin de son rapport : « Voilà, Président, une des turpitudes de cet officier général que vous avez placé ici pour me seconder. Bien loin de coopérer avec moi à faire disparaître des coutumes contraires à notre prospérité et à gagner des amis au gouvernement, il veut journellement vexer les citoyens et les commerçants en exigeant des rétributions d'argent qui ne sont point autorisées par la loi ».

Le cas du lieutenant Carrié était pendable pour avoir commis un si grand crime. Aussi le général Jérôme Maximilien Borgella, avait en ce qui le concernait, la conscience tranquille, en ayant accompli son devoir en portant les agissements scandaleux de ce jeune drôle à la réprobation du Président : il attendait de ce dernier une punition exemplaire.

La correspondance, de part et d'autre, demandes, d'explications et renseignements fournis, avait duré deux bons mois et le général Carrié mis en cause si malencontreusement dans la fantaisie de Monsieur son fils s'était vigoureusement défendu près de S. E. Jean-Pierre Boyer, de toutes les calomnies portées à son actif. Dieu seul sait jusqu'où aurait été cette malheureuse affaire, si l'hôte du Palais National, s'apprêtant alors à guerroyer contre la France, n'avait pas, par sa haute autorité, fermé le dossier du lieutenant Carrié en écrivant la lettre qui suit au prestigieux général qui avait eu l'insigne honneur d'être un de ses représentants les plus écoutés dans le département haïtien de l'Ozama.

LIBERTÉ   ÉGALITÉ

RÉPUBLIQUE D'HAITI

Jean-Pierre BOYER,
Président d'Haïti.

Port-au-Prince, le 28 juin 1830,
An 27ᵉ de l'Indépendance.

Au Général BORGELLA,
Commandant de l'Arrondissement de
Santo Domingo.

J'ai reçu ,général, votre lettre du 15 de ce mois. J'ai également reçu la réponse du Général Carrié à l'interpellation que je lui ai faite. Il déclare calomnieuses les inculpations dont il est accusé. D'abord il assure que ni lui, ni son fils, n'ont fait tirer par la garde de la place, le samedi saint, sur les mannequins placés auprès du bureau de la place ; et que les détonations que l'on a entendues étaient l'effet des pétards que des particuliers faisaient lancer, et non des coups de feu lâchés ; et que d'ailleurs ce jour-là, c'était une chose tolérée partout au dit lieu.

Quant aux concussions dont se plaint le commerce étranger, ce général ajoute encore qu'il défie qui que ce soit d'en produire la moindre preuve. Cependant dans une affaire de cette gravité il faut pour condamner que l'accusation soit prouvée. Pourquoi les plaignants n'exigeaient-ils pas un reçu de l'argent qu'on leur demandait illicitement? Et que pouvaient-ils redouter en refusant de payer, à défaut de ce reçu, puisqu'ils pouvaient recourir à votre autorité?

Je ne saurai exprimer le regret que ces circonstances désagréables m'ont occasionné, et j'espère que l'ordre et la régularité n'éprouveront désormais aucune atteinte à cet égard.

Je vous salue affectueusement.

BOYER.

Qui aurait cru, grand dieu, qu'un mannequin exécuté sommairement un samedi saint par un officier facétieux en quête d'imprévu pour la plus grande joie de la « canaille » de Santo Domingo, aurait pu être élevé à la hauteur d'une affaire d'État au point de donner du souci au Président d'Haiti.

La façon dont fut réglé le cas du lieutenant Carrié déplut-elle au général Borgella? On ne sait : ce qu'il y a de certain, c'est qu'à la fin de l'année 1831 il passait sur sa demande au commandement de l'arrondissement des Cayes, son successeur à Santo Domingo ayant été, l'ironie des choses humaines veut qu'il en soit ainsi, le général Alexis Carrié en personne.

Le général Jérôme Maximilien Borgella, dans toute cette histoire, n'eut qu'un tort à coup sûr : celui de n'avoir pas assez vécu. Il aurait eu la joie féroce de voir quelque vingt ans plus tard, en vieux républicain qu'il était, lui qui avait été bercé dans sa jeunesse par les airs de la Révolution Française, qui avait chanté le « Ça ira » et connu le calendrier républicain, le général Alexis Carrié, son ancien subordonné de Santo Domingo, créé duc de la Vega Real et chamarré d'or de la tête aux pieds par la grâcieuseté de S. M. Faustin Soulouque, empereur d'Haiti par la grâce de Dieu et de la Constitution. Alors seulement, le général Jérôme Maximilien Borgella aurait pu mourir tranquille.

FIN

TABLE DES MATIÈRES

Société Française d'Imprimerie d'Angers.— Angers-Paris